Grußworte

Gemeinschaft der Schwestern vom Heiligen Geist

1857 – 2007

Verlag van Acken, Krefeld

150 Jahre Gemeinschaft der Schwestern vom Heiligen Geist

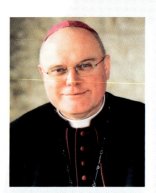

Reinhard Marx
Bischof von Trier

Liebe Schwestern vom Heiligen Geist,

zum 150-jährigen Gründungsjubiläum Ihrer Gemeinschaft grüße ich Sie herzlich.

Sie erinnern mit diesem Jubiläum an die Anfänge Ihrer Gemeinschaft, an die Begeisterung und Überzeugung von vier jungen Frauen, ihr Leben ganz in den Dienst Gottes und in den Dienst der Menschen zu stellen. Diese Begeisterung des Anfangs und des Aufbruchs stärkt und prägt Ihre Gemeinschaft bis heute. Das Gründungsjubiläum drückt in besonderer Weise Ihre Verbundenheit mit Ihrer Gründerin und Ihren Dank für diese Initiative aus. Am 4. Juni 1857 gründete Mutter Irmina Hoelscher in Koblenz die Ordensgemeinschaft der Schwestern vom Heiligen Geist. Unterstützt von Pfarrer Philipp de Lorenzi konnte die Idee der jungen Frauen realisiert werden und so erhielten sie am Fest Mariä Lichtmess 1858 von Bischof Arnoldi ihr Ordenskleid.

Mutter Irmina Hoelscher war tief überzeugt von dem Gedanken, ihr Leben ganz Gott zu weihen und den Menschen zu dienen. Auch wenn Ihre Gründerin bereits sehr jung starb, hat sie die geistlichen Wurzeln Ihrer Gemeinschaft geprägt. In den 150 Jahren seit der Gründung ist die Gemeinschaft der Schwestern vom Heiligen Geist den Anfängen treu geblieben und hat sich zugleich entwickelt, sowohl in Phasen des Wachsens als auch in Zeiten, die stärker von Rückschlägen geprägt waren. Als besondere Bereicherung erlebten und erleben Sie die Entwicklung der Gemeinschaft in Indien. Die Spiritualität verbindet Sie mit den Mitschwestern in Indien auch über Kontinente hinweg.

Das Logo zum Ordensjubiläum, das von Beate Heinen gestaltet wurde, drückt dies in prägnanter Weise aus: Begeistert über Zeiten und Grenzen lebt Ihre Gemeinschaft inmitten der Welt. Die Künstlerin beschreibt es ja auch in dem erläuternden Text: „Alles ist in Bewegung, alles fließt, immer Neues tut sich auf:

150 Jahre Gemeinschaft der Schwestern vom Heiligen Geist

über Grenzen und Mauern hinweg, in neue Welten, geführt vom Heiligen Geist und im Zeichen des Kreuzes, das aufragt wie ein starker Halt und eine große Hoffnung." Durch das geistliche und tätige Leben in Ihrer Gemeinschaft sind Sie ein lebendiges Wort der Verkündigung in unserer Welt. So wie es das Apostelwort ausdrückt, unter dem Ihr Dienst steht: „Dienet einander in Liebe… Lasst euch vom Geist leiten." *(Gal 5, 13.18)* Der Geist Gottes engt unser Leben nicht ein, sondern macht uns offen und frei. Der Heilige Geist leitet uns, die Liebe Gottes im Dienst am Nächsten wahr werden zu lassen.

Von Herzen wünsche ich der Gemeinschaft der Schwestern vom Heiligen Geist, dass Sie weiterhin lebendige Gemeinschaft der Liebe Gottes und der Liebe zu den Menschen sein können. Mögen Sie immer wieder erfahren, dass Sie durch die Liebe Gottes befreit und offen den Herausforderungen und Aufgaben der Zeit begegnen können und ständig auf dem Weg bleiben. Dazu erbitte ich Ihnen und allen, die sich Ihrer Gemeinschaft verbunden fühlen, den reichen Segen des Dreifaltigen Gottes.

Im Gebet verbunden
Ihr

Dr. Reinhard Marx
Bischof von Trier

Trier, in der Österlichen Bußzeit 2007

150 Jahre Gemeinschaft der Schwestern vom Heiligen Geist

Dr. Eberhard
Schulte-Wissermann
Oberbürgermeister
der Stadt Koblenz

Seit 150 Jahren: Dienst im Geist der Nächstenliebe

„Wo die Liebe ist, da muss sie tätig sein." Nach diesem Gebot des heiligen Augustinus richten viele Ordensgemeinschaften ihr Leben aus. Einzigartig ist jedoch die Überzeugung, mit der im Jahr 1857 die Koblenzerin Anna Maria Hoelscher, Tochter einer begüterten Familie, die Mönchsregeln ergänzte. „Nur indem wir für andere leben, bekommt unser Leben einen Sinn."

Die junge Frau, fast noch ein Mädchen, gründete in unserer heutigen Altstadt die Gemeinschaft der Schwestern vom Heiligen Geist, die sie als Oberin und Mutter Irmina bis zu ihrem frühen Tod leitete. Unter dem Kongregationsnamen „Schul- und Krankenschwestern vom Heiligen Geist" begannen in der Mehlgasse 8 vier gleich gesinnte junge Frauen ihr segensreiches Wirken, widmeten sich in bewusster Armut der Pflege von Kranken und der Erziehung von Kindern. In Koblenz lebte damals ein großer Teil der Einwohner im bittersten Elend. Niemand hätte damals vermutet, dass die Ideen von Schwester Irmina bis heute soziale und karitative Zeichen setzen, die aus Koblenz nicht wegzudenken sind. Mehr noch: Den selbstgestellten Aufgaben der ehemals jungen Schwesterngemeinschaft kommen heute junge Frauen in der indischen Mission nach, die in vielfältiger Weise dazu beitragen, Armut und Not der Menschen zu lindern. Weit über das Mutterhaus Marienhof hinaus ist der gute Geist von Koblenz aktiv. Die Koblenzer Schwestern vom Heiligen Geist haben es verstanden, trotz Rückschlägen, im Geist der Nächstenliebe Koblenz zu einer Stadt des sozialen Ausgleiches zu gestalten. Diese Botschaft geht weit über die Grenzen unserer Stadt hinaus.
Diese Nachricht wird empfangen in den Alten- und Pflegeheimen, in der Seelsorge, bei schönsten Aufgaben, wie Geburten, aber auch im Augenblick des Todes.

150 Jahre Gemeinschaft der Schwestern vom Heiligen Geist

Heute weist sich das Katholische Klinikum Marienhof/ Sankt Josef als tragender Pfeiler des mittelrheinischen Oberzentrums Koblenz in Sachen Gesundheit aus, auch dank der fürsorglichen Betreuungsleistungen der katholischen Schwestern.

Die Erfahrung der schweren Gründungszeiten haben die Gemeinschaft der Schwestern gelehrt, wie wichtig gute Pflege, Kompetenz und Vertrauen ist. Das gilt auch für die Zukunft. Der brasilianische Bischof Don Hélder Cámara hat einmal gesagt: „Wer vorwärts kommen will, muss nicht nur mit beiden Füßen auf dem Boden stehen, sondern auch gehen."

Ich bin überzeugt, die Schwestern vom Heiligen Geist werden vorwärts gehen.

Zum Jubiläum grüßt und gratuliert
Ihr

Dr. Eberhard Schulte-Wissermann
Oberbürgermeister der Stadt Koblenz

150 Jahre Gemeinschaft der Schwestern vom Heiligen Geist

Sr. M. Sapientia de Hasque
Generaloberin

Zeit der Danksagung

Mit großer Freude und Dankbarkeit schauen wir, die Schwestern vom Heiligen Geist, in diesem Jahr 2007 auf unsere Anfänge vor 150 Jahren zurück.

Eine kleine Gruppe von vier jungen Frauen hat sich vor nunmehr 150 Jahren am 4. Juni 1857 zusammengetan, um mit dem damaligen Pfarrer Philipp de Lorenzi von der katholischen Pfarrei Liebfrauen in Koblenz die Gründung einer neuen klösterlichen Gemeinschaft zu wagen und sich in dienender Liebe den Nöten ihrer Zeit zu stellen.
Mit Gottes Hilfe und im Vertrauen auf den Beistand des Heiligen Geistes hat die junge Gemeinschaft die vielen Schwierigkeiten des Anfangs gemeistert. Das Samenkorn entfaltete sich mehr und mehr zu einem Baum, dessen Zweige sich heute ausstrecken bis nach Indien.

Das Ideal, zu dem hin sich unsere Gründerinnen auf den Weg gemacht haben, war die Liebe – die Liebe zu Gott und die dienende Liebe zu den Menschen.
Dieses Ideal suchten sie zu verwirklichen durch ihren Einsatz für die Armen und Kranken, im Dienst an den Einsamen und Sterbenden und in der Erziehung der Jugend.

Die Feier unseres Jubiläumsjahres ist für uns Schwestern eine Zeit der Danksagung für die Vergangenheit, aber auch eine Zeit, in der Gott uns von neuem ruft und herausfordert, ihm entgegenzugehen und beizutragen, ihn in der Welt gegenwärtig zu machen, auf dass er sie in der Kraft des Heiligen Geistes erneuere und verwandle.

Soziale und karitative Aufgaben sind es auch heute, die uns herausfordern. Wir halten uns offen für die Nöte unserer gegenwärtigen Zeit und stellen uns ihnen. Im Zusammenwirken mit verantwortungsbewussten Mitarbeiterinnen und Mitarbeitern, die sich mit uns dem christlichen Ideal verpflichtet

150 Jahre Gemeinschaft der Schwestern vom Heiligen Geist

wissen, wird uns dies gelingen. Dabei trauen wir dem Wort des Herrn: „Ich bin bei euch alle Tage."

Anlässlich unseres 150-jährigen Jubiläums danke ich unseren verehrten Vorgängerinnen und ihren MitstreiterInnen für ihren aufopferungsvollen und treuen Dienst an den Menschen. Ich danke allen, die unsere Gemeinschaft in der Vergangenheit begleitet und unterstützt haben und dies auch heute noch tun. Ich danke unseren Mitarbeiterinnen und Mitarbeitern für das positive Miteinander bei der Verwirklichung unseres gemeinsamen Auftrages in der heutigen Zeit.

An dieser Stelle gilt mein herzlicher Dank auch unseren Mitschwestern in Indien, die sich in ihrem Land, den Spuren unserer Gründerinnen folgend, engagiert einsetzen in Werken der Liebe in den vielfältigen Nöten der Menschen dort und so unser Ursprungscharisma verwirklichen. Sie nehmen im wahrsten Sinne des Wortes mutig immer wieder „Neuland" unter die Füße.

In tiefer Dankbarkeit bete ich zu Gott, dass er auch in Zukunft seine schützende Hand über unsere Kongregation halte. Er möge das durch unsere Stifterin Mutter Irmina Hoelscher begonnene Werk weiterführen in eine gute Zukunft.

So wünsche ich uns, dass die Feier des Jubiläums zu einem frohen Fest des Dankes und der Zuversicht werde.

Schwester M. Sapientia de Hasque

Sr. M. Sapientia de Hasque
Generaloberin

Schwestern vom Heiligen Geist e.V.
Mutterhaus Marienhof
Moselweißer Straße 122-128
D-56073 Koblenz

Gemeinschaft der Schwestern vom Heiligen Geist 1857 – 2007

150 Jahre Gemeinschaft der Schwestern vom Heiligen Geist

150 Jahre Gemeinschaft der Schwestern vom Heiligen Geist

Bärbel Broer

Gemeinschaft der Schwestern vom Heiligen Geist

1857 – 2007

Verlag van Acken, Krefeld

150 Jahre Gemeinschaft der Schwestern vom Heiligen Geist

1. Auflage 2007
ISBN 978-3-923140-93-2

Copyright by Verlag van Acken, Krefeld

Gesamtherstellung:
Joh. van Acken, Druckerei und Verlag,
Krefeld

150 Jahre Gemeinschaft der Schwestern vom Heiligen Geist

Inhaltsverzeichnis

Vorbereitungsgebet	5
Vorwort	7

Darstellung der Gegenwart
Alltag bei den Schwestern	11
Verlässlicher Partner in der Gesellschaft	15
Die Schwestern als Arbeitgeber	19
Die Schwestern als Arbeitnehmer	23

Der Orden in Indien
Missionsbeitrag seit 1964	29
Projekte für Bedürftige	31
Beispiele aus der Missionsarbeit	37

Beruf und Berufung
Der Weg von der Frau zur Ordensschwester	41
Christliche Kultur im Wandel	45
Orden sucht nach neuen Wegen	47

Glaube und Spiritualität
Der Heilige Geist als Namenspatron	51
Gebetsgemeinschaft für Alle	55

Ursprünge und Entwicklung
Vier Frauen begeistern mit ihrer Idee	57
Gemeinschaft wächst weiter	61
Schwestern gründen Krankenhaus	63
Sozial-karitative Chance in Indien	66

Nachwort	67

Niederlassungen und Aufgabengebiete
Filialen in Deutschland	70
Filialen in Indien	73

Literaturverzeichnis	80
Sponsoren	81
Impressum	82

150 Jahre Gemeinschaft der Schwestern vom Heiligen Geist

Vorbereitungsgebet

Du Heiliger Geist – Geist Gottes.
Du Beistand auf dem Weg durch die Zeit.
In dir vernehmen wir die Stimme Gottes.
Du gibst uns Visionen und schenkst Zuversicht.
Du bist für Wunder gut –
wenn unsere Weisheit am Ende ist.
Du begeisterst Menschen und befähigst sie
zu Tröstern in der Not,
zu Stimmen in der Wüste,
zu Sehern und Propheten,
zu Zeugen für dein Reich.
Komm auf uns herab,
du Schöpfer-Geist, du Lebensatem,
ruhe auf uns, dass wir
be – geistert über Zeiten und Grenzen
den Armen eine frohe Botschaft bringen
und alle heilen, deren Herz zerbrochen ist;
dass wir den Gefangenen des Zeitgeistes
die Entlassung verkünden,
und den in Angst und Enge Gefesselten
die Befreiung.
Du Schöpfer-Geist,
der du diese Welt aus dem Nichts erschufst,
der du die Erde erneuerst und verwandelst,
erneuere und verwandle auch uns.
Amen.

150 Jahre Gemeinschaft der Schwestern vom Heiligen Geist

Vorwort

Ein 150-jähriges Jubiläum feiern zu können, ist wahrlich ein Ereignis. Es zeugt von Beständigkeit, Treue, Zusammenhalt, aber auch von der Bereitschaft, sich zu wandeln, sich von alten, überholten Gewohnheiten zu verabschieden und neue, erfolgversprechende Wege zu beschreiten. Allesamt Eigenschaften, die die Schwestern vom Heiligen Geist auszeichnen und die nunmehr Anlass zur Freude haben über das 150-jährige Bestehen ihrer Kongregation.

Festschriften haben es nun mal so an sich, zurückzublicken und über Geschichte zu erzählen. Mit dieser Festschrift werden wir auch Rückblick halten, aber vor allem eines: Geschichten erzählen. Geschichten aus dem Alltag der Schwestern, Geschichten über ihre Arbeit, Geschichten über ihr Zusammenleben, Geschichten über ihr Leben im Dienste Gottes. Die Schwestern geben Einblick in ihr Leben – nicht nostalgisch oder romantisch verklärt, sondern mit realen Bezügen zu ihrem Alltag mit all seinen Herausforderungen, Schwierigkeiten, Niederlagen, Erfüllungen, Erfolgen, Sorgen, Höhen und Tiefen.

Mutter Irmina Hoelscher, Gründerin der Ordengemeinschaft

Denn auch wenn sie hinter dicken, vermeintlich schützenden Mauern des Marienhofs in Koblenz oder in den einzelnen Filialen leben, so bekommen sie doch hautnah die gesellschaftlichen Wandlungen mit. Für die einen sind die Ordensschwestern Seelsorger, Helfer, „guter Geist", Ansprechpartner, Mittler zu Gott. Für die anderen Anlass zu Gespött, Häme oder sogar Tätlichkeiten. Die Brüche in unserer Gesellschaft erfahren die Schwestern schon durch ihre tägliche Arbeit im Krankenhaus, im Kindergarten, in Alten- und Pflegeheimen, in Obdachlosenunterkünften, mit milieugeschädigten Kindern und Jugendlichen. Weil viele Menschen ihren Halt verlieren, versuchen die Schwestern vom Heiligen Geist, diese wieder aufzufangen, sie zu stützen und für sie zu sorgen.

Keine leichte Aufgabe, zumal auch die Anzahl der Schwestern schrumpft. Zwar sind in den 150 Jahren rund 1.500 Frauen der Ordensgemeinschaft der Schwestern vom Heiligen Geist beigetreten und auch bei ihr geblieben, dennoch gibt es kaum noch Nachwuchs. Leben heute rund 70 Schwestern im Marienhof, dem Mutterhaus in Koblenz, waren es beispielsweise 1958 noch doppelt so viele.

„Begeistert über Zeiten und Grenzen" – das Motto der Festschrift mag da auf den ersten Blick vielleicht skeptisch werden lassen. Doch es ist in der Tat die gelebte Haltung der Schwestern. Wie ein roter Faden zieht sich durch die Geschichte des Ordens, dass die Schwestern permanent gewisse Unsicherheiten aushalten mussten. Besonders die vier Gründerinnen erlebten die Ungewissheit massiv. Immer wieder gab es Anlass zu zweifeln, ob der Orden überhaupt gegründet werden könnte. Dennoch haben sich Anna Maria Hoelscher (Schwester Irmina), Mathilde Jesse (Schwester Anastasia), Anna Hörter (Schwester Severa) und Maria Eigner (Schwester Modesta) nicht in ihrem Vorhaben beirren lassen, ein Leben in Gemeinschaft führen zu wollen. Was ihnen auch zum 4. Juni 1857 gelungen ist. Und obwohl von den Gründerinnen die Oberin, Schwester Irmina, bereits drei Monate nach ihrer Einkleidung

verstarb, eine weitere Schwester die Gemeinschaft verließ und zwei weitere 1860 starben, lebte die „Genossenschaft der Schwestern vom Heiligen Geist" fort und vergrößerte sich beträchtlich.

Während sich heutzutage in Deutschland immer weniger Frauen für die Ordensgemeinschaft interessieren, treten in Indien noch viele Frauen dem Orden bei. Zu Zeiten ihrer Gründung und auch in den folgenden Jahrzehnten hatte die Genossenschaft zunächst gar nicht die Absicht, ein Missionsorden zu werden. Das II. Vatikanische Konzil regte die einzelnen Orden in Deutschland jedoch an, in die Mission zu gehen. Mit Erfolg: Viele junge indische Frauen treten dem Orden bei und ermöglichen sozial-karitative, aber auch missionarische Hilfe an verschiedenen Standorten in Indien.

Die Klosterkirche im Marienhof in Koblenz

Und so wie die Gründerinnen einen Umbruchprozess initiiert haben und viele weitere Schwestern in den nachfolgenden Jahrzehnten zahlreiche andere Umbrüche erkämpft, erlebt oder erlitten haben, so ist es auch die Devise der heutigen Schwestern vom Heiligen Geist, dass manche Ungewissheiten auszuhalten und mit Gottvertrauen zu ertragen sind. Entsprechend selbstbewusst können sie auch von sich behaupten: „Begeistert über Zeiten und Grenzen".

Entsprechend ist auch das Logo dieser Festschrift gewählt. Die Künstlerin Beate Heinen erklärt es wie folgt: Die starken Linien symbolisieren das Gerüst eines großen Bauwerkes, sie sind wie das Geäst eines gewaltigen Baumes, der noch viel Wachstum vor sich hat. Die Halbkugel versinnbildlicht die Welt. Das Samenkorn steht für das Leben und Wirken der Gründerin Schwester Irmina. „Wenn das Weizenkorn nicht in die Erde fällt und stirbt, bleibt es allein. So aber trägt es reiche Frucht." *(Joh 12,24)* Aus dem Samenkorn erhebt sich der Heilige Geist, von dem diese Ordensgründung den Namen, die Kraft, die Liebe und die Inspiration hat. Ganz unten ist noch ein Fluss, ein Strom skizziert. Er symbolisiert: alles ist in Bewegung, alles fließt, immer Neues tut sich auf: über Grenzen und Mauern hinweg, geführt vom Heiligen Geist und im Zeichen des Kreuzes, das aufragt wie ein starker Halt.

Alltag bei den Schwestern

Gemäß ihrem Gelübde leben die Schwestern vom Heiligen Geist bescheiden. Dennoch sind sie sich ihrer Privilegien vollauf bewusst. Sie müssen sich nicht sorgen um den Arbeitsplatz, das Dach über dem Kopf, ihr tägliches Brot, ihr Eigentum oder um ihren Stand in der Gesellschaft. Sie wissen, wohin sie gehören. Und sie wissen, für wen sie es tun: Im Dienste Gottes für den Nächsten da zu sein. Doch dafür benötigen sie auch die Freiheit, von den Alltagssorgen losgelöst zu sein. Trotzdem ist der Preis hoch: Sie entscheiden sich für ein Leben gemäß der drei Gelübde, die sie abgelegt haben: Armut, Keuschheit, Gehorsam. Und sie verpflichten sich, in der Gemeinschaft für die Gemeinschaft da zu sein. Das bedeutet auch, dass sich die Schwestern in die Gemeinschaft einordnen, bisweilen auch unterordnen müssen.

Im Marienhof, dem Mutterhaus der Schwestern vom Heiligen Geist, ist das tägliche Miteinander klar strukturiert. Dieser vorgegebene Tagesablauf muss auch sein – schließlich leben rund 70 Schwestern in der Gemeinschaft in Koblenz. Der Morgen fängt um 6.15 Uhr mit der Laudes, dem Morgengebet, an. Im Anschluss daran beginnt die Heilige Messe.
Gegen 7.15 Uhr treffen sich die Schwestern zum gemeinsamen Frühstück. Danach gehen sie an ihre unterschiedlichsten Aufgaben. Entweder arbeiten die Schwestern intern für die

Das Mutterhaus der Schwestern in Koblenz

Gemeinschaft. Sie nähen, bügeln, erledigen die Post, sitzen an der Pforte, decken die Esstische, schmücken die Kirche. Kurzum: Sie sorgen dafür, dass das Leben im Haus reibungslos abläuft. Andere Schwestern wiederum arbeiten außerhalb: im direkt angegliederten Krankenhaus Katholisches Klinikum Betriebsstätte Marienhof als Krankenschwester, Hebamme oder Seelsorgerin. Andere wiederum betreuen Obdachlose in der Stadt, arbeiten als Erzieherin oder kümmern sich um milieugeschädigte Kinder und Jugendliche.

Die Schwestern, deren Aufgabengebiete es ermöglichen, treffen sich vor dem Mittagessen zum Mittagsgebet, der sogenannten Sext. Um 12 Uhr ist gemeinsamer Mittagstisch. Danach ist der Ablauf unterschiedlich: Ältere Mitschwestern machen eine Mittagspause, andere gehen direkt wieder an die Arbeit. Am Nachmittag stehen im Mutterhaus unterschiedliche religiöse Angebote auf dem Programm: Es gibt Andachten oder den gemeinsamen Rosenkranz, der bis auf wenige Ausnahmen jeden Tag gebetet wird.

Um 17.30 Uhr ist Anbetung, anschließend die Vesper, das Abendgebet der Kirche. Danach gibt es das gemeinsame Abendessen bis etwa 19.30 Uhr. Nach jeder Mahlzeit sind Schwestern zum Aufräumen, Spülen, Neueindecken eingeteilt.

Darstellung der Gegenwart

Vor der Abendruhe wird das Nachtgebet – die Komplet – gebetet. Den Abend gestalten die Schwestern unterschiedlich: Die einen treffen sich zu Gesellschaftsspielen, andere lesen, wieder andere wollen lieber die Fernsehnachrichten nicht verpassen und die nächsten treffen sich zum gemeinsamen Plausch oder ziehen sich auf ihr Zimmer zurück.

Flexibler dagegen ist der Alltag in den kleineren Filialen – wie beispielsweise in Trier. Dort leben nur vier Schwestern gemeinsam. Sie beginnen ihren Tag um 6.20 Uhr mit dem Morgengebet. Da der kleine Konvent keinen eigenen Hausgeistlichen hat, muss jede Schwester individuell entscheiden, ob sie die Heilige Messe im Dom oder in der Pfarrei besucht. Nur zweimal in der Woche haben die Schwestern eine Eucharistiefeier in der eigenen Hauskapelle. Das heißt, die Schwestern nehmen stark am Gemeindeleben teil. „Zur Pfarrei gehören wir wie der Kirchturm auf die Kirch", erzählt Schwester Consolata, Oberin des Konventes in Trier, mit ihrem liebenswerten Dialekt. „Dadurch bekommen wir auch hautnah das Gemeindeleben mit." Laudes und Vesper werden immer in der Gemeinschaft gebetet. Egal, ob in Koblenz, Trier oder in den anderen Konventen – gebetet wird nach dem Stundenbuch der Kirche: Alle vier Wochen die gesamten 150 Psalmen. „Das ist auch unsere Form der Teilhabe am Stundengebet der Kirche", erklärt

Generaloberin Schwester Sapientia. „Die ganze Kirche betet diese Tageszeiten und so sind wir miteingereiht wie das Glied in der Kette."

Diese festen Gebetszeiten Laudes, Sext, Non, Vesper und Komplet gehören zum Alltag – zumindest für jene Schwestern, deren Aufgaben es ermöglichen. „Das ist ja das Schöne am Stundengebet: Wenn jemand aus berechtigten Gründen nicht dabei sein kann, der darf guten Gewissens sagen, ‚Ich schließe mich mit ein' und der wird dann auch mitgetragen."

Verlässlicher Partner in der Gesellschaft

Schon durch ihre Tracht sind sie für jedermann erkennbar: Entweder tragen die Schwestern vom Heiligen Geist ein schwarzes Gewand – das eigentliche Ordenskleid – oder Weiß, ihre Arbeitskleidung. Die Reaktionen auf ihr Erscheinen sind unterschiedlich. Während die einen mit Respekt, Vertrauen, vielleicht auch Unsicherheit auf sie zugehen, haben andere nur Ironie oder Spott übrig.

Die Schwestern bekommen teilweise hautnah mit, welcher Werteverfall sich in der Gesellschaft ausbreitet. „Wo bleibt die Achtung vor der Würde des anderen?", fragt Schwester Consolata. Für die Schwestern hat die Zunahme an Gewalt, Kriminalität und Aggressivität viel mit dem verlorengegangenen Glauben zu tun. „Gottesbild und Menschenbild gehen miteinander. Wenn ich daran glaube, dass der Andere genauso von Gott geliebt wird wie ich, kann ich nicht so mit ihm umgehen."

Einen weiteren Grund für die Orientierungslosigkeit mancher Menschen sieht Schwester Sabine in der Beziehungsunfähigkeit: „Wir haben immer wieder Kinder, deren Eltern sich trennen. Die Schäden, die dabei in den kleinen Kinderseelen entstehen, sind so gravierend", sagt die Leiterin der Kindertagesstätte in Trier und mit 38 Jahren jüngste Schwester in der deutschen Gemeinschaft. Streitereien, Umzug, Zerrissenheit zwischen

Vater und Mutter ließen viele Kinder orientierungslos zurück. „Heute ist der Mann der Papa und morgen ein anderer – da wissen die Kinder gar nicht mehr, wem sie vertrauen sollen", erfährt sie fast täglich in ihrem Alltag mit den Kleinen. Dabei gehe sehr viel kaputt in der Beziehungsfähigkeit der jungen Menschen. „Wenn ich schon als Kind erfahre, dass ich meinen Eltern nicht vertrauen kann, wenn keine Verlässlichkeit mehr da ist, dann fehlt ein wesentliches Fundament für ein gelungenes Erwachsenenleben", sagt Schwester Hildegard, Generalrätin in Koblenz. Wer als junger Mensch nur noch Brüche erlebe, der scheue auch als Erwachsener feste Bindungen.

Doch man dürfe nicht nur die negativen Entwicklungen sehen. „Es passiert auch so viel Gutes in unserer Gesellschaft." In fast allen Pfarrgemeinden gebe es interne Hilfe für Menschen, die notleiden. Familien halten zusammen und unterstützen sich. „Oder wenn mir jemand begegnet, mir Geld in die Hand drückt mit den Worten: ‚Schwester – Sie haben bestimmt jemand, der das brauchen kann'. Das sind die guten Aspekte." Während es im Alltag zahlreiche traurige, tragische, aber auch aggressive Begebenheiten gebe, so vergehe wiederum kein Tag ohne die kleinen Gesten der Freundlichkeit und Zuneigung. „Wenn ich mit dem Fahrrad durch die Stadt fahre, gibt es viele Menschen, die mir freundlich zuwinken oder auch

Darstellung der Gegenwart

ein kurzes Gespräch suchen", so Schwester Sabine. Es sind diese kleinen Ereignisse am Rande, die zeigen, dass die Schwestern als Partner in der Gesellschaft gebraucht werden – und sei es als freundlich grüßende Schwester auf dem Rad, weil selbst der freundliche Gruß eine Rarität geworden ist. Starke Brüche gingen durch unsere Gesellschaft, sie sei sehr gegensätzlich, sehr konträr geworden.

Entsprechend häufig werden die Schwestern um Hilfe gebeten. „Ich werde so oft angesprochen: ‚Bitte, Schwester, beten Sie für mich'", erzählt Schwester Consolata. Probleme in der Familie, Krankheit, Arbeitslosigkeit seien oftmals die Gründe dafür, dass Menschen die Ordensfrauen um Gebete bitten. „Das nimmt sehr zu. Bei uns vergeht keine Vesper, bei der nicht für Leute gebetet wird, die uns ihre Sorgen anvertraut haben. Viele brauchen auch einfach jemanden zum Reden, um ihr Herz auszuschütten, hat Schwester Sabine erfahren. „Gerade im Kindergarten kommen Eltern häufig auf mich zu und wollen über ihre Probleme mit mir sprechen. Das hat oft nichts mit dem Kindergartenalltag zu tun, sondern mit speziellen Nöten in den Familien oder es geht um die Sorgen Alleinerziehender."

Ratlosigkeit, Verzweiflung und Einsamkeit – immer mehr Menschen fühlen sich mit ihren Problemen allein gelassen. Anders sei es wohl nicht zu erklären, dass speziell die anonymisierten Anfragen via Internet zunehmen, hat Schwester Hildegard erfahren. Es gibt das Angebot, sich mit Sorgen und Problemen an die Ordensgemeinschaften zu wenden, die dann in dem entsprechenden Anliegen beten. „Wenn ich morgens meinen Computer hochfahre, habe ich täglich mindestens drei, vier solcher Bitten in meiner mailbox. Und das sind oft tragische Geschichten – massive Probleme persönlicher Art: Angst um den Arbeitsplatz, Probleme in der Beziehung, Drogenabhängigkeit, Burn-out-Syndrom, Sorgen um Kinder oder Schwerstkranke." Hilfe hierbei zu leisten, sehen die Schwestern vom Heiligen Geist als eine ihrer wesentlichen Aufgaben an. Das Fürbittende Gebet gewinnt immer mehr an Bedeutung im spirituellen Leben der Ordensschwestern. Wo es keinen Halt mehr gibt – ob am Arbeitsplatz, in der Familie, im Freundes- oder Bekanntenkreis – gelten die Ordensgemeinschaften als verlässlicher Anker. „Die Menschen wissen, sie können sich auf uns verlassen, wenn sie uns um etwas bitten", so Schwester Hildegard.

Die Schwestern als Arbeitgeber

Die Ordensgemeinschaft will nicht nur für die Gesellschaft, sondern auch als Arbeitgeber ein verlässlicher Partner sein. Allein am Koblenzer Klinikum arbeiten rund 1.100 Beschäftigte. Die Bewährungsprobe als verlässlicher und vertrauenswürdiger Arbeitgeber hatte die Ordensgemeinschaft im Jahr 1997. Um für die Zukunft gerüstet zu sein, haben die Schwestern vom Hl. Geist und der Orden der Barmherzigen Brüder von Trier ihre Zusammenarbeit beschlossen, die über einen Krankenhausverbund dann im Jahre 2001 zu einer Fusion führte. Der Zusammenschluss war notwendig geworden, um den beiden katholischen Häusern auf dem Koblenzer Krankenhausmarkt eine sichere Zukunft zu ermöglichen. „Diese Fusion ist uns auch sehr gut gelungen", lautet das Résumée. „Und was uns besonders stolz macht: Sie ging nicht zu Lasten der Beschäftigten."

Allein bei dem Wort Fusion schrillen bei den meisten Arbeitnehmern die Alarmglocken. Bedeutet sie doch in der Regel zwangsläufig, dass zahlreiche Arbeitsplätze gestrichen werden. „Das war bei uns im Prinzip auch nicht anders", so Schwester Hildegard. „Denn eine Fusion macht ja nur Sinn, wenn Strukturen und Abläufe verbessert sowie Sparmaßnahmen eingeleitet

Das Katholische Klinikum Koblenz Marienhof/St. Josef

werden." Aber der Umgang mit den Mitarbeitern sei sehr behutsam gewesen: „Bei uns ist niemand entlassen worden, sondern wir haben über Jahre den Personalabbau vollzogen durch natürliche Fluktuation." Will heißen: Stellen von Mitarbeitern, die in Rente gegangen sind, oder die zu einem anderen Unternehmen gewechselt sind, wurden nicht wiederbesetzt. „Diese Unterschiede merken auch unsere Beschäftigten: Sie verlassen sich darauf, dass wir mit ihnen mitmenschlich umgehen. Sie vertrauen darauf und sie fordern es auch ein", so Schwester Hildegard. Mitmenschlichkeit untereinander und den Patienten gegenüber ist oberste Maxime für die Schwestern vom Hl. Geist als Arbeitgeber.

Dieses hehre Ziel haben die Schwestern erreicht. Ende Januar 2007 wurde das Katholische Klinikum Marienhof/ St. Josef gGmbH in Berlin im Rahmen einer feierlichen Zeremonie als „Bester Arbeitgeber im Gesundheitswesen 2007" ausgezeichnet. In der Gruppe der Unternehmen mit 500 bis 2.000 Mitarbeitern belegte es den ersten Platz. In der Urkunde heißt es dazu: „Die Auszeichnung steht für ein glaubwürdiges, respektvolles, durch Fairness geprägtes Verhältnis zwischen Führung und Mitarbeitern, eine hohe Identifikation mit der Einrichtung und einem starken Teamgeist."

Als im Jahre 2003 das Krankenhaus Marienhof sein 100-jähriges Bestehen feierte, schrieb die Geschäftsleitung in der Festschrift: „Der Name Katholisches Klinikum soll auch zukünftig für medizinische und pflegerische Leistungen in gewohnt hoher Qualität stehen. Dabei legen wir großen Wert darauf, dass die persönliche Zuwendung zum Patienten ihre Bedeutung behält und die Menschlichkeit bei aller Technik nicht verloren geht. Denn dies ist der christliche Auftrag, gerichtet an uns von den Schwestern vom Heiligen Geist und den Barmherzigen Brüdern von Maria-Hilf, den beiden Ordensgemeinschaften, die unser Katholisches Klinikum tragen."

Darstellung der Gegenwart

Noch deutlicher wird Generaloberin Schwester Sapientia in ihrem Grusswort in der Festschrift anlässlich des 100-jährigen Bestehens zur Bedeutung von Mitmenschlichkeit und Christentum im Krankenhausalltag:

„Seit vielen Jahren gerät die Reform des Gesundheitswesens in Deutschland nicht mehr aus den Schlagzeilen. In Zeiten der „leeren Kassen" spitzt sich heutzutage die Situation mehr und mehr zu. Die Neugestaltung des Gesundheitswesens dreht sich um die Kernfrage, wie ein modernes Gesundheitssystem mit hohem Qualitätsstandard künftig noch bezahlbar bleibt. Bei allen Sparmaßnahmen müssen jedoch gerade unsere konfessionellen Krankenhäuser auch weiterhin Orte einer patientenfreundlichen medizinischen Versorgung bleiben, in denen sich der Dienst am kranken Menschen nicht nur in der ärztlichen und pflegerischen Leistung erschöpfen darf, sondern sich darüber hinaus immer wieder auszeichnen muss durch christliches und menschliches Engagement.

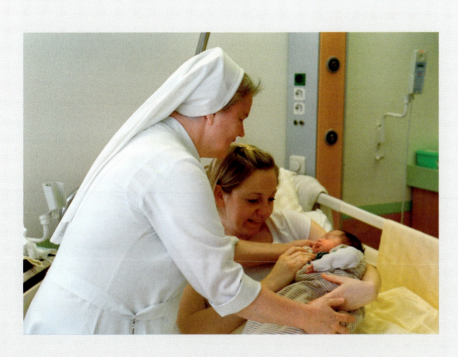

"Über den Erfolg der Arbeit in unserem Krankenhaus entscheidet nicht in erster Linie der Umfang der modernen Medizintechnik. Weitaus wichtiger scheint mir die menschliche Zuwendung, die den Kranken entgegengebracht wird. Denn gerade heute ist der kranke Mensch angesichts der hoch technisierten Medizin mehr denn je auf menschliche Anteilnahme, Zuwendung und humane Behandlung im Krankenhaus angewiesen. Der Mensch in seiner ganzen Existenz als Geschöpf Gottes muss im Mittelpunkt stehen. Nur so kann der karitative Dienst in unserem Krankenhaus sein Profil behalten und christliche Identität gewahrt werden.

Was ein katholisches Krankenhaus ist, erfährt der Mensch, der es aufsucht, um Hilfe und Heilung zu finden, nicht durch ein Schild am Eingang, auch nicht in der Hauskapelle.
Das spezifisch Christliche kann nur durch die Menschen erfahren werden, die dort täglich im Einsatz sind.

Wie ernst die Kirche diesen Dienst nimmt, geht aus den Arbeitspapieren der gemeinsamen Synode der Bistümer in Deutschland hervor, wo es heißt: Dieser Dienst der Kirche geschieht nach denselben fachlichen Gesetzen und Regeln und in der gleichen Qualität wie die entsprechenden Dienste nichtkirchlicher Träger. Beim Dienst der Caritas muss es aber um ein die Fachlichkeit überschreitendes ‚Mehr' gehen. Damit wird auch deutlich, welche Anforderungen die kirchliche Sendung an die Mitarbeiter und Mitarbeiterinnen in unseren Einrichtungen stellt. Alle sind mit in die Pflicht genommen, den kirchlichen Charakter des Krankenhauses sichtbar und spürbar zu machen."

Die Schwestern als Arbeitnehmer

Die Schwestern vom Heiligen Geist sind nicht nur Seelsorger für Menschen in Not und Arbeitgeber für mehrere Hundert Beschäftigte – viele der Ordensschwestern sind auch Arbeitnehmer. Sie arbeiten als Hebamme, Seelsorgerin, Krankenschwester, Altenpflegerin, Erzieherin oder in ähnlichen Berufen, die die Hilfe am Nächsten als wesentliche Maßgabe haben. Ihre Arbeit gilt fast immer den Kranken, Alten, Einsamen und Pflegebedürftigen. Sie kümmern sich um Benachteiligte und Randgruppen. So wie schon vor 150 Jahren die Gründungsschwestern und deren Nachfolgerinnen die Betreuung von Notleidenden und Waisenkindern übernahmen, kümmern sich auch heute noch die Schwestern in Krankenhäusern um kranke, pflegebedürftige Menschen, in Tageseinrichtungen und Wohngruppen um milieugeschädigte Kinder und Jugendliche, in Alten- und Pflegeheimen um kranke, einsame Menschen, in Wohngruppen um behinderte junge Menschen und in eigens eingerichteten Küchen um Obdachlose und andere Randgruppen.

Die Schwestern gehen genauso ihrer Arbeit nach wie jeder andere Berufstätige auch. Sie erfüllen beispielsweise ihre Pflichten im Krankenhausalltag als Krankenschwester, messen Blutdruck, verabreichen Medikamente, waschen Patienten,

helfen, pflegen und sind ebenso dem Alltagsstress ausgesetzt wie ihre Kollegen. Worin unterscheiden sich denn dann Laien und Ordensschwestern? – mag sich da manch einer fragen. Macht die Ordensschwester als Hebamme, Erzieherin, Krankenschwester irgendetwas anders als ihre weltlichen Kollegen? Es gibt keine eindeutige Antwort darauf. Denn die Lebensmodelle sind nicht vergleichbar. Natürlich haben die Schwestern genauso ihre Acht-Stunden-Tage wie jeder andere auch – teilweise auch länger. Schwester Renate, tätig als Hebamme am Marienhof-Krankenhaus, erfährt dies oft genug. „Neugeborene kennen keine Dienstpläne", erzählt sie schmunzelnd. Doch obwohl auch die Schwestern rund 40 Stunden pro Woche arbeiten, kann ein Vergleich mit den Arbeitskollegen nur misslingen. Letztere verdienen ihren Lebensunterhalt, müssen ihren Alltag bewältigen, kehren nach Feierabend in ihre Wohnungen zurück, wo die Familie – oder aber auch niemand – auf sie wartet. Die Schwestern dagegen kehren in ihre Gemeinschaft zurück. Eine Oase der Ruhe, Besinnung, Einkehr. „Hier wird jede aufgefangen, getragen von den anderen." Man kann ja nicht immer nur geben, man muss auch mal auftanken können. Kraft und Stärke gibt ihnen die Gemeinschaft und die Nähe zu Gott. „Dadurch erhalten wir eine ganz besondere Atmosphäre, die uns den Arbeitsalltag gut bewältigen lässt", so die Schwestern.

Darstellung der Gegenwart

Diese besondere Atmosphäre scheint das Geheimnis zu sein: Keine der Schwestern strahlt Unruhe, Hektik oder gar Stressgefühle aus. Sie ruhen in sich, haben jederzeit ein freundliches Wort, eine freundliche Geste. Es ist die Berufung, die ihnen diese Kraft und Geduld gibt. „Ich stehe nicht so unter Zeitdruck", sagt die Kindergartenleiterin Schwester Sabine. Für jedes Gespräch, jede Aufgabe nimmt sie sich die Zeit. Ob Plätzchenbacken mit den Kindern; Hilfestellung für Eltern, die ihr Kind religiös erziehen wollen; Ratschläge für Menschen, die wieder beten wollen, aber meinen, das Beten verlernt zu haben; tröstende Worte für Kinder, deren Eltern sich trennen – egal, welches Anliegen an sie herangetragen wird, sie ist für ihre Nächsten da, ebenso wie ihre Mitschwestern. Es ist dieses gewisse „Mehr", das den Dienst der Ordensschwestern hervorhebt. Mehr Zeit, mehr Entgegenkommen, mehr Gelassenheit, mehr Mitgefühl, mehr den Menschen als Geschöpf Gottes wahrnehmen – das zeichnet die Schwestern vom Heiligen Geist in ihrer täglichen Arbeit aus.

Stellvertretend für die vielen Schwestern soll nachfolgendes Beispiel stehen. Es handelt von einer Ordensschwester, die sich schon längst hätte zur Ruhe setzen können, die aber den Dienst am Mitmenschen bis ins hohe Alter erfüllt. „Der gute Geist von Koblenz" so überschrieb das Südwestfernsehen

einen Beitrag über Schwester Mechtild und ihre Arbeit für Menschen in Armut und Wohnungslosigkeit. Durch ganz konkrete Hilfe mit Nahrungsmitteln, Kleidung, Wäsche und Haushaltsgegenständen lindert die 82-jährige seit über 15 Jahren die Not vieler Menschen in Koblenz, die kaum das Nötigste zum Leben haben.

In dieser Zeit hat sie festgestellt, dass die Bedürftigkeit – insbesondere bei Frauen – zugenommen hat. Neben der materiellen Hilfe hat sie stets ein offenes Ohr für die Sorgen und Nöte der Armen. „Wenn wir sie nicht hätten, wie sollten wir dann weiter existieren", so ein Obdachloser. Mit der großzügigen Hilfe von Koblenzer Geschäftsleuten und einzelnen Spendern lindert sie Not, wo sie am größten ist.

Darstellung der Gegenwart

Schwester Mechtild Hoffend erzählt:

„Die ‚Armenspeisung' im Mutterhaus Marienhof befand sich in unmittelbarer Nähe der Krankenpflegeschule, in der ich seinerzeit als Schulleiterin tätig war. Aus verschiedenen Gründen musste die Frühstücksausgabe an Obdachlose damals eingestellt werden. Diese konnten das lange nicht verstehen. Immer wieder fanden sich einige ein und baten um Hilfe. Hier bekam ich den ersten Kontakt mit diesen Menschen, den ich aber nach meinem Ausscheiden aus der Schulleitung (1990) wieder verloren habe. Ich übernahm fortan ehrenamtliche Dienste in der Hospizarbeit in Koblenz und in Wiesbaden. 1991 meldete sich erstmals per Telefon die Chefin einer Feinbäckerei bei mir. Sie bot mir Backwaren an, die tagsüber nicht verkauft waren und am Abend aus den verschiedenen Filialen in die Zentrale zurück gebracht wurden. Die Backwaren hätten am Abend entsorgt werden müssen, weil altbackene Dinge am nächsten Tag kaum noch verkauft werden können. Seither fuhr ich Abend für Abend 30 km, um die Waren abzuholen. An Abnehmern fehlt es mir nicht. Es waren zunächst arme Familien in der näheren Umgebung des Marienhofes, bald jedoch wusste ich, wo ich meine Esswaren außerdem noch loswerden konnte. Ich kannte bald die Treffpunkte vieler wohnungsloser Menschen, die am Abend schon auf mich warteten.

„Der gute Geist von Koblenz":
Sr. Mechtild Hoffend

Die Besitzerin der oben genannten Feinbäckerei engagierte sich, als sie von meiner Tätigkeit hörte, noch mehr. Die Spenden wurden immer großzügiger. Dazu kam noch ein Lebensmittelmarkt, in dem ich täglich beschenkt wurde mit Wurst und Käse zum Belegen der gespendeten Brötchen. Ich suchte zwischenzeitlich nach einem größeren Abnehmerkreis und fand diesen bei der Caritasstelle für Notleidende und im Restaurant „Mampf", das Essen für Arme und Obdachlose ausgibt. Dort fand, und finde ich noch immer freudige Abnehmer, die mich täglich erwarten.

Da ich seit meinem Ausscheiden aus dem Schuldienst vom Orden von anderen ordensinternen Aufgaben freigestellt und mir auch ein PKW zur Verfügung gestellt wurde, konnte ich mich ganz dieser meiner neuen Aufgabe widmen, die mir übrigens sehr viel Freude macht. Ich spüre, dass die bedürftigen Menschen mir großes Vertrauen entgegenbringen. Ich versuche mich ganz in ihre Situation und ihre Lage hinein zu versetzen und ihnen Verständnis entgegen zu bringen. So erfahre ich viel Offenheit. Die Leute erzählen mir ihre Nöte und hoffen auf Hilfe. Sie sind dankbar, wenn ich Ihnen ‚mein Ohr' leihe und mir Zeit nehme für ein kurzes Gespräch oder einen guten Rat. Sie spüren, dass sie von mir angenommen sind und ernst genommen werden.

Antrieb für meine Tätigkeit ist mir das Wort aus der Bibel: ‚Was ihr dem geringsten meiner Schwestern und Brüder getan habt, das habt ihr mir getan!' Die Begegnung mit diesen Menschen gibt meinem Leben Sinn und macht mich froh und zufrieden. Ich fühle mich in diesem meinem Einsatz dem Charisma und dem Geist unserer Gründerin besonders nahe."

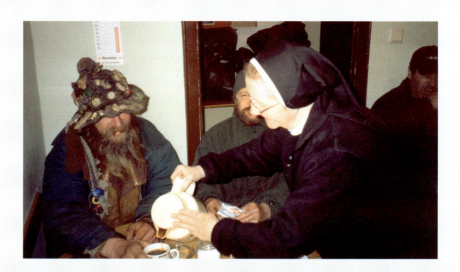

Der Orden in Indien

Missionsbeitrag seit 1964

Während in Deutschland die Schwestern vom Heiligen Geist immer größere Schwierigkeiten haben, ihre zahlreichen Aufgaben zu bewältigen, weil ihnen der Nachwuchs fehlt, gibt es in Indien noch viele Frauen, die in die Ordensgemeinschaft eintreten.

Am 19. Februar 1964 hatte der Generalrat in seiner Sitzung festgelegt, dem Aufruf des II. Vatikanischen Konzils zu folgen und durch die Aufnahme indischer Mädchen, die in einen Orden eintreten wollten, einen Missionsbeitrag zu leisten. Ein knappes halbes Jahr später trafen die ersten acht jungen Inderinnen auf dem Koblenzer Hauptbahnhof ein. Dieser ersten Gruppe folgten noch weitere nach.

In den folgenden Jahren erhielten die indischen Schwestern eine fundierte Ordens- und Berufsausbildung. 1972 kehrten die ersten indischen Schwestern in ihre Heimat zurück, um dort die ersten Missionsstationen einzurichten.

Die ersten indischen Schwestern erhalten eine Ordens- und Berufsausbildung

Dies war der Beginn für die große Missionstätigkeit der Schwestern vom Heiligen Geist in Indien. Mittlerweile sind die Schwestern in vielen Bereichen aktiv. Ihre Aufgaben: Pastoralarbeit, Sozialarbeit, Rechtshilfe, Erziehung und spontane Hilfe bei Katastrophen.

Sie arbeiten in Schulen, Kindergärten, Krankenhäusern, Altenheimen, Frauenhäusern sowie in Näh- und Haushaltungsschulen. Dabei wird Wert darauf gelegt, Projekte ins Leben zu rufen, die die „Hilfe zur Selbsthilfe" zum Maßstab haben.

Die Infrastruktur des Landes lässt noch sehr zu wünschen übrig – entsprechend beschwerlich sind die Fahrten zu den einzelnen Stationen. Dennoch werden die Kontakte innerhalb der einzelnen Missionsstationen sorgfältig gepflegt.

Projekte für Bedürftige

Nachfolgend stellen wir einige der konkreten Missionsstationen und deren Aufgabengebiete vor.

Frauenhäuser und Kinderheime

In dem Ort Ghot im Bundesstaat Maharashtra gibt es ein Frauenhaus und ein Kinderheim. Seit 1983 bzw. seit 1992 finden Frauen, die entweder von ihren Familien verstoßen oder aber durch ihre Familien bedroht wurden, hier Zuflucht. Zur Zeit leben etwa 34 Frauen und neun Kinder in dem „Heim für Frauen in Not". Eine Näherei sowie eine Bambuswerkstatt ermöglichen den Frauen, ihren eigenen Lebensunterhalt zu verdienen. Darüber hinaus können sie sich in Schreibmaschinenlehrgängen weiter qualifizieren. Um den Frauen die Angst vor den teilweise brutalen Übergriffen zu nehmen, werden sie in Karate geschult.

Während die Mütter arbeiten, werden die Kinder in verschiedenen Schulen – je nach Bildungsstand – betreut. Zudem steht den Frauen eine Rechtsanwältin, Ordensschwester Avila, insbesondere bei Scheidungsfällen oder Unterhaltsansprüchen, zur Seite. Schwester Avila war ursprünglich in Deutschland zur Krankenschwester ausgebildet worden. Später arbeitete sie sechs Jahre lang in einer Ambulanz in zwei abgelegenen

150 Jahre Gemeinschaft der Schwestern vom Heiligen Geist

Dörfern im Kreis Chandrapur. Während dieser Zeit erkannte sie, das die Ärmsten der Armen mehr brauchen als Medikamente und Zuwendung – nämlich Rechte. Daher entschied sie sich, Rechtsanwältin zu werden und studierte Jura an der Universität in Nagpur. Schwester Avila setzt sich mit vollem Engagement, oft über ihre Kräfte hinaus, für die Rechte der Armen – insbesondere der verfolgten, entrechteten Frauen – ein. Oftmals unter Bedrohung ihres eigenen Lebens. Erst seit 2005 ist sie auch als Staatsbeamtin anerkannt und wird seitdem auch vom Staat für ihre Arbeit besoldet.

Das Haus für Frauen in Not in Ghot erhält nur geringe Unterstützung von staatlicher Seite. Die Schwestern finanzieren es über Spenden. Alle Frauen, die in diesem Heim leben, erhalten eine Schulausbildung. Damit haben sie dann bessere Chancen, ihr Leben selbständig wieder in den Griff zu bekommen.
So haben 2005/2006 fünf Frauen die Mittlere Reife und drei Frauen das Abitur bestanden, eine Frau studiert, eine andere erlernt die Krankenpflege. Dabei hatten die meisten von ihnen nie zuvor eine Schule besucht oder den Schulbesuch vorzeitig abgebrochen. Erst bei den Schwestern lernten sie Lesen und Schreiben.

Ambulantes Hilfezentrum für Aidskranke in Pune

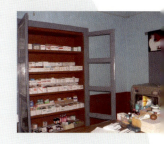

Das Vorhaben, ein Haus für Aidskranke in der Nähe von Pune zu bauen, ist gescheitert, weil die Einwohner des Dorfes Aidskranke nicht in ihrer Nachbarschaft haben wollen, aus Angst vor einer Ansteckung. HIV-Infizierte gelten in Indien – ähnlich wie Leprakranke – als Ausgestoßene. So mussten die Schwestern ihren Plan vorläufig ändern, um diesen Menschen helfen zu können. Am 1. Januar 2006 mieteten sie mitten in einem Slum in Pune einen Raum und richteten ein Büro ein. Von dort aus organisieren sie die Hilfe für HIV-Patienten. Die Betroffenen werden in ihren Häusern ambulant betreut, Schwerkranke oder Sterbende ins Krankenhaus oder in entsprechende Zentren gebracht. Die Ärzte des städtischen Krankenhauses unterstützen die Schwestern und helfen mit Medikamenten, sie organisieren Tagungen und Aufklärungsveranstaltungen. Zu dem Mitarbeiterteam gehören Ordensschwestern, eine ausgebildete Sozialarbeiterin und drei Helferinnen. Alle drei Helferinnen sind selber HIV-infiziert und möchten jene, die das gleiche Schicksal haben, unterstützen. Durch das ambulante Zentrum werden zehn umliegende Slums betreut. Die Mitarbeiterinnen kümmern sich um 117 Familien. In jeder Familie gibt es bis zu vier Infizierte.

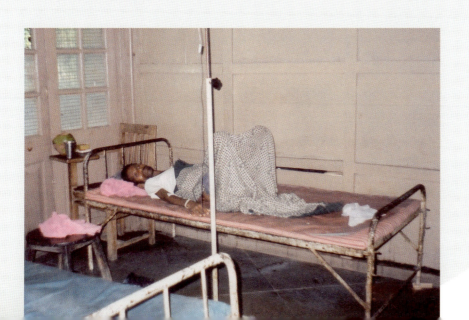

Sozial-Zentren

Mit finanzieller Unterstützung der Lilian Foundation, einer holländischen Hilfsorganisation, ermöglicht das Sozial-Zentrum in Balgipeta 22 körperbehinderten Kindern, das Zentrum in Dilasagram 18 körperbehinderten Kindern eine kostenlose schulische Ausbildung.

Im Zentrum Vardaan in Purna unterstützt die „State Bank of India" die Arbeit der Schwestern ganz wesentlich. Die Bank leiht den armen Frauen Geld zu einem normalen Zinssatz, um sich eine Existenz aufbauen zu können. So betreiben einige einen kleinen Gemüse- und Getränkeshop oder stellen Süßigkeiten und Knabbergebäck zum Verkauf her. 2006 hat die Bank 82 Kindern die Schuluniform gestellt. Im September hat sie in Vardaan eine kostenlose medizinische Vorsorgeuntersuchung auf die Krankheit Chikkungunya finanziert. Dies ist eine tödliche Virus-Infektion mit hohem Fieber und schmerzhaften Gelenkschwellungen. Über 1.000 Patienten wurden untersucht und Medikamente verteilt.

In Kasipatanam in Andra Pradesh wurde ein auf fünf Jahre angelegtes Projekt begonnen, das Kinder zum Schulbesuch befähigen soll, auch solche, die schon eine Schulausbildung

Der Orden in Indien

abgebrochen haben. Die Dörfer um Kasipatanam liegen meist in den Bergen, wo es keine oder nur äußerst schlechte Verkehrsverbindungen gibt. Weite Wege sind zu Fuß zu bewältigen, um manche Dörfer zu erreichen. Die Schwestern mit ihren Mitarbeiterinnen besuchen regelmäßig diese Dörfer, treffen sich mit Eltern und deren Kindern, um sie zum Lernen zu motivieren. Im Januar 2007 sollen erstmals etwa 100 Kinder in das Zentrum kommen und dort sechs Monate vorbereitet werden, so dass sie im Juni eingeschult werden können. Um der hohen Sterblichkeitsrate von Müttern und Kindern entgegenzuwirken, wurde in diesem Zentrum im Oktober auch ein neues Hilfs-Programm für schwangere Frauen und Kinder unter fünf Jahren gestartet. Die Schwestern arbeiten dabei mit einer nicht-staatlichen Organisation zusammen. Das Projekt-Team unterrichtet die Land-Hebammen und leitet sie zu hygienischem Vorgehen bei den Hausentbindungen an. Bei den Besuchen in den Dörfern versuchen die Mitarbeiterinnen Risikoschwangerschaften zu erkennen, damit die Frauen zur Geburt frühzeitig in das Zentrum oder in ein Krankenhaus gebracht werden können.

Der Konvent in Sundru, umgeben von vielen Dörfern, musste sich etwas einfallen lassen, da viele junge Mädchen auf der Suche nach einer Arbeit, um ihre Familien zu unterstützen, in die Prostitution geraten. So haben die Schwestern dort eine Nähschule und Stickerei eröffnet. Zurzeit besuchen 16 Mädchen diese Schule. Die Schwestern helfen den Mädchen bei der Suche nach einer Arbeitsstelle. Die ambulante Krankenstation in diesem Urwaldgebiet in Sundru ermöglicht erstmals eine medizinische Versorgung, die über die bislang übliche Kräutermedizin hinausgeht. Dennoch ist der Zustand noch nicht zufriedenstellend: da es keinen Arzt in diesem Zentrum gibt, muss die Krankenschwester über die Behandlung entscheiden und allein die Verantwortung tragen. Oft kommen Patienten mit Zerebralmalaria oder ähnlichen lebensbedrohlichen Krankheiten. Zahlreiche Entbindungen werden durchgeführt, Risikogeburten sind nicht selten.

Hochwasserhilfe

Die Gegenden um Ballarpur, Purna und Balgipeta waren 2006 stark vom Hochwasser betroffen. Viele Menschen verloren fast ihr gesamtes Hab und Gut. Gemeinsam mit der Caritas India und anderen Ordensgemeinschaften haben die Missionsschwestern den betroffenen Menschen geholfen: Kleidung, Medikamente, Lebensmittel, Haushaltsutensilien, Schulbücher und Baumaterial wie Bambuszweige und Dachziegeln wurden verteilt.

Ebenfalls nach der verheerenden Tsunami-Flut im Dezember 2004 haben die Schwestern geholfen. Zwei von ihnen arbeiteten direkt danach in einem Notcamp mit. In den darauffolgenden Monaten konzentrierten sich die Schwestern auf zwei Dörfer in Kerala und Tamilnadu. Dort leisteten sie erste Hilfe und konnten einigen Menschen zum Aufbau einer neuen Existenz verhelfen. Fast ein Jahr später – am 10. Dezember 2005 wurden acht neue Häuser an Familien übergeben.

Der Orden in Indien

Beispiele aus der Missionsarbeit

Tragische Schicksale und unvorstellbares Leid führen arme, hilflose, gedemütigte, verletzte Menschen zu den Schwestern in Indien. Frauen und Kinder sind die häufigsten Opfer der gewalttätigen Übergriffe. Auch die Ordensschwestern sind bisweilen bedroht. Dennoch haben sie keine Zweifel an ihrer Aufgabe. „Mission ist keine Einbahnstraße", sagt Generaloberin Schwester Sapientia aus Koblenz, die zuletzt 2006 in Indien war. „Wir sind nicht nur die Gebenden, sondern werden immer wieder auch durch viele frohmachende und beglückende Erfahrungen beschenkt. Ich komme jedes Mal beeindruckt aus Indien zurück, auch neu motiviert, mich für diese gute Sache mit ‚heißem Herzen' weiter einzusetzen." Stolz blickt sie auf das Erreichte zurück: Vielen Menschen sei zu einem besseren Leben verholfen worden. „Ich denke da besonders an die Alphabetisierung und die Erziehung der Kinder und Jugendlichen, die ohne eine fundierte Schulbildung keinerlei Chancen haben, aus ihrem Armutszirkel herauszukommen", so Schwester Sapientia. „Sie finden diese Hilfe in unseren Kindergärten, Kinderheimen und Schulen, in den Slums und in einem Zentrum für Straßenkinder. Ich denke an die Hilfen im Gesundheitssektor, die wir vielen Kranken und Behinderten geben können. Ich denke an die Sozial- und Bildungsarbeit, die unsere Schwestern leisten, an ihren Einsatz für die Benachteiligten, vor allem für die Frauen."

Die Missionstätigkeit der Schwestern vom Heiligen Geist hat nicht viel gemeinsam mit dem Missionieren im herkömmlichen Sinne, das zunächst bedeutete, möglichst viele Menschen zu taufen und zu Christen zu machen. „Das ist nicht ratsam, denn die Ausschreitungen und Gewalttätigkeiten gegen Christen nehmen zu", so Schwester Sapientia. Ziel sei es vielmehr, durch ein überzeugendes und glaubwürdiges Leben, andere Menschen für das Christentum zu interessieren und zu gewinnen.

Statistiken über das Erreichte sind zwar notwendig, verdeutlichen jedoch nicht die konkrete Hilfe, die diesen Menschen dadurch zuteil wird. Daher stellen wir nachfolgend einige Geschichten aus dem Alltag der indischen Schwestern vor. Schwester Agnes, Provinzoberin in Indien, hat in ihrem Weihnachtsbrief 2006 zwei Beispiele aus Ghot eindrucksvoll beschrieben:

Der Orden in Indien

Erstes Beispiel:

„Eines Tages kam Frau N. aus einem abgelegenen Dorf zu unseren Schwestern in Ghot, wo wir ein Haus für Frauen und Kinder in Not unterhalten. Sie hatte ihre zwei Mädchen bei sich, drei und anderthalb Jahre alt. Ihr sechsjähriger Sohn wurde in einem Kinderheim für Jungen untergebracht. Frau N., ihr Mann und die drei Kinder lebten am Waldrand. Sie arbeiteten in der Landwirtschaft und ernährten so ihre Familie. Sie gehören zu den Ureinwohnern, den Adivasie (wörtlich übersetzt, „erste Siedler"). Im Wald lebt eine Untergrund-Organisation, die in Indien sehr bekannt und gefürchtet ist. Ihre Mitglieder wollen die Menschen befreien von Ungerechtigkeit und Armut, aber sie setzen dabei oft Gewalt ein. Die Polizei und diese Gruppe haben öfters blutige Auseinandersetzungen. Auf den Verdacht hin, dass Herr N. die Polizei über diese Gruppe informiert hatte, wurde die Familie eines Tages überfallen. Einige bewaffnete Männer schleppten den Mann in den Wald. Die Frau rannte ihnen nach und bat darum, ihren Mann freizulassen. Daraufhin banden sie Frau N. an einem Baum fest und ermordeten vor ihren Augen ihren Mann, indem sie ihn grausam zerstückelten. Danach ließen sie Frau N. gehen. Frau N. ging zur Polizei, aber ohne Erfolg. Nach einigen Monaten kam sie mit ihren Kindern in unser Zentrum in Ghot und suchte Hilfe. Sie war zutiefst geschockt, sehr verstört und depressiv. Nur langsam erholte sie sich durch den Umgang mit den anderen Frauen und die ständige Betreuung und Beratung durch die Schwestern. Schwester Avila, eine unserer Rechtsanwältinnen, brachte ihren Fall vor Gericht und Frau N. erhielt eine größere Beihilfe-Summe vom Staat. Damit konnte sie das Leben mit ihren Kindern neu starten und in die Normalität zurückfinden."

Zweites Beispiel:

„Neelabai aus einem von Ghot weiter entfernten Dorf ist eine alte, gelähmte und bettlägerige Frau. Ihre Schwiegertochter, die sie versorgt hatte, starb plötzlich. Ihr Ehemann, der dies nicht verkraften konnte, beging Selbstmord. Nun war die hilflose alte Frau allein mit ihren zwei Enkelkindern und wusste nicht, wie es weiter gehen sollte.

Während eines Dorfbesuches kamen die Schwestern von Ghot und ihre Helferinnen in Kontakt mit Neelabai. Diese erzählte ihnen ihr Schicksal. Die Schwestern haben sich daraufhin dafür eingesetzt, dass die beiden Kinder einen Platz in einem Kinderheim bekamen und die Schule besuchen konnten. Für die Frau bauten sie eine kleine feste Hütte, versorgten sie mit Medikamenten, Nahrungsmitteln und Kleidung. Inzwischen ist die Gesundheit der alten Frau soweit wiederhergestellt, dass sie allein aufstehen kann. Sie ist sehr dankbar für die Hilfe, die sie empfangen hat und noch empfängt."

Der Weg von der Frau zur Ordensschwester

Wenn sich heute junge Frauen für das Ordensleben interessieren und sie eine Gemeinschaft näher kennenlernen möchten, gibt es für sie mehrere Möglichkeiten: Eine davon ist, als Mitarbeiterin einer ordenseigenen Einrichtung an den Aktivitäten der Gemeinschaft teilzunehmen und so schrittweise näheren Kontakt zu bekommen. Nach einer gewissen Zeit kann sich die Kandidatin dann für einen Eintritt in die Gemeinschaft entscheiden.

Schwester Hildegard, Schwester Renate und Schwester Gerhild fanden auf diese Art ihren Einstieg ins Ordensleben. „Wir sind hier in den Gottesdienst gegangen, haben mit einigen Schwestern näheren Kontakt bekommen, aber im Wohnheim der Krankenschwestern gelebt", erinnert sich Schwester Hildegard. Nach einiger Zeit fragten die Frauen, ob sie der Gemeinschaft beitreten dürften. Kurz darauf wechselten sie auch den Wohnort in die Gemeinschaft. Schwester Hildegard war seinerzeit 26 Jahre alt und arbeitete schon längere Zeit als Krankenschwester im Marienhof, als sie sich für den Orden interessierte.

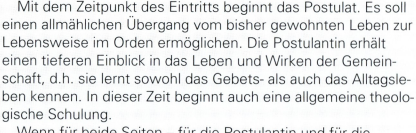

Mit dem Zeitpunkt des Eintritts beginnt das Postulat. Es soll einen allmählichen Übergang vom bisher gewohnten Leben zur Lebensweise im Orden ermöglichen. Die Postulantin erhält einen tieferen Einblick in das Leben und Wirken der Gemeinschaft, d.h. sie lernt sowohl das Gebets- als auch das Alltagsleben kennen. In dieser Zeit beginnt auch eine allgemeine theologische Schulung.

Wenn für beide Seiten – für die Postulantin und für die Gemeinschaft – feststeht, dass der Weg ins Ordensleben weitergeführt werden soll, beginnt das Noviziat. Damit fängt die konkrete Schulung an – die spezielle Ausbildung für die Ordensgemeinschaft. Ab dem Zeitpunkt des Noviziatbeginns trägt die Novizin auch die Schwesterntracht. Anlässlich der Einkleidung findet ein Gottesdienst mit der Gemeinschaft, Familienangehörigen und guten Freunden statt. Die junge Frau wird dann vor versammelter Gemeinde gefragt, ob sie der Gemeinschaft beitreten will, was sie dann öffentlich bekundet. Danach erhält sie das Ordenskleid, das der Priester gesegnet hat. Die Schwester verlässt den Gottesdienst, zieht sich um und kehrt im Habit gekleidet zurück. Anschließend gibt es eine kleinere Feier.

Das Noviziat dauert laut Kirchenrecht maximal zweieinhalb Jahre. Es soll zu einem tieferen Verständnis des Ordenslebens und der Gelübde führen. Besonders soll die Einheit von religiösem Leben und Tätigkeit eingeübt werden. Ist sich die Novizin in ihrer Entscheidung für das Ordensleben sicher, bittet sie schriftlich um die Zulassung zu den zeitlichen Gelübden.

Mit dem Ablegen der sogenannten „zeitlichen Profeß" – dem Gelübde auf Zeit – endet das Noviziat. Die Ablegung der ersten Profeß wird auch mit der Gemeinschaft, Familienangehörigen und Freunden gefeiert. „Die zeitliche Profeß ist der entscheidende Schritt", erläutert Schwester Hildegard. „Das Anlegen des Ordenskleides ist eher ein äußeres Zeichen. Die innere Verpflichtung gibt die Schwester aber mit dem Ablegen der Gelübde Armut, Keuschheit, Gehorsam und der Verpflich-

tung, in der Gemeinschaft für die Gemeinschaft da zu sein." Daher sei dieses Fest für die Gemeinschaft von noch größerer Bedeutung. Aus diesem Anlass erhält die Profeßschwester die Medaille mit der Aufschrift „Veni Sancte Spiritus" – „Komm Heiliger Geist". Zudem erhält sie die Konstitutionen der Gemeinschaft, das umfassende Regelwerk. Die Satzungen orientieren sich an der Regel des heiligen Kirchenlehrers Augustinus, dem Ordenspatron der Schwestern vom Heiligen Geist.

Die Profeßschwester ist nun rechtlich Mitglied der Ordensgemeinschaft. Das Juniorat – die zeitliche Bindung an die Gemeinschaft – beginnt. Dies ist der vierte Schritt auf dem Weg zur Ordensschwester. Es dauert normalerweise fünf Jahre, kann im Einzelfall bis zu neun Jahren verlängert werden. Schwestern, die noch keinen Beruf erlernt haben, erhalten in dieser Zeit eine Ausbildung. Einige Schwestern erlernen aber zudem noch einen zweiten Beruf. So war es bei Schwester Renate: Die ausgebildete Krankenschwester absolvierte noch eine weitere Ausbildung zur Hebamme. Auch Schwester Hildegard hat zwei Berufe erlernt. Angefangen hatte sie als Krankenschwester, absolvierte aber nach ihrer Noviziatszeit noch eine zweite Berufsausbildung zur Pädagogin, um an der Krankenpflegeschule unterrichten zu können. Schwester Consolata, Jahrgang 1937, hatte Verkäuferin gelernt, als sie dem Orden beitrat. In der Gemeinschaft erlernte sie zudem den Beruf der Erzieherin und absolvierte ein Studium zur Sozialpädagogin.

Das Juniorat endet mit der Ablegung der „ewigen Profeß". Dieses Gelübde gilt auf Lebenszeit. Es könnte nur in Rom gelöst werden, weil die Gemeinschaft der Schwestern vom Heiligen Geist seit 1929 päpstlichen Rechts ist. Das Ablegen der „ewigen Profeß" wird mit einem großen Fest zelebriert. Die gesamte Gemeinschaft, Familie und Freunde sind zugegen. Während des Gottesdienstes werden vor der Generaloberin die Gelübde abgelegt. Sie nimmt vor Gott im Namen der Gemeinschaft die Gelübde entgegen. Die junge Schwester erhält den

Professring – als Zeichen für die ewige Bindung. Viele der Schwestern tragen einen Ring von besonderer persönlicher Bedeutung. Die eine trägt beide Eheringe der Großeltern, die nächste den Ehering der verstorbenen Mutter und wieder eine andere den Ring vom Vater.

In Indien wird kein Gold-, sondern ein Silberring getragen. Gold ist das falsche Zeichen in einem so immens von Armut geprägten Land. „Um uns mit den Armen unseres Landes identifizieren zu können, haben wir Goldringe abgelehnt", erklärt die Inderin Schwester Clementia. Das ist aber nicht der einzige Unterschied zwischen Deutschland und Indien auf dem Weg zur Berufung als Ordensschwester. Da viele indische Mädchen erst 16 oder 17 Jahre alt sind, wenn sie zum ersten Mal Tuchfühlung mit dem Orden aufnehmen, dauert ihre Kandidatur entsprechend länger. Schwester Clementia erklärt: „Zunächst müssen sie Englisch lernen. Das ist die allgemeine Sprache in unseren Konventen." Da in Indien in fast jedem Bundesstaat eine andere Sprache gesprochen wird, müssen die Kandidatinnen zudem die Amtssprache Hindi erlernen. Allein das erfordert schon viel Zeit.

Erst danach treten die mittlerweile 18- bis 19-Jährigen ins Postulat ein. Nach dem zweijährigen Noviziat erfolgt die Ablegung der ersten Gelübde. Erst jetzt erhält die indische Schwester das Ordenskleid, einen safranfarbenen Sari und die Medaille mit dem Hl. Geist. Das sich anschließende Juniorat dauert normalerweise fünf Jahre. In dieser Zeit erlernen die Schwestern ihren Beruf oder studieren – beispielsweise Jura, da gerade indische Frauen häufig einen Rechtsbeistand benötigen, um ihre Rechte wahrnehmen zu können. Wie in Deutschland endet auch in Indien das Juniorat mit dem Ablegen der ewigen Gelübde.

In beiden Ländern wird die ewige Profeß groß gefeiert. „So wie eine Hochzeit gefeiert wird, feiern wir auch anschließend", erklärt Schwester Hildegard und Schwester Consolata pflichtet ihr bei: „Schwestern verstehen zu feiern."

Christliche Kultur im Wandel

Wie in allen deutschen Ordensgemeinschaften ist auch bei den Schwestern vom Heiligen Geist die Zahl der Berufungen massiv zurückgegangen. Ist es die Angst vor Bindung? Ist die Berufung zur und der Beruf als Ordensschwester nicht mehr zeitgemäß? Schreckt das ewige Versprechen vor Gott ab? Ist der Schritt zu groß, das alte, normale Leben hinter sich zu lassen? Haben Nonnen keinen Platz mehr in unserer Gesellschaft? Fragen, die auch die Schwestern vom Heiligen Geist bewegen. Sie zeigen sich offen und aufgeschlossen gegenüber den Wandlungen unserer Zeit.

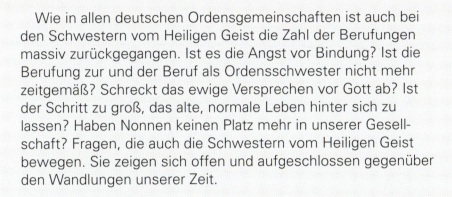

Die ganze christliche Kultur in Europa ist im Wandel. „Und da stecken wir als Gemeinschaft mittendrin", bringt Schwester Hildegard die Probleme auf den Punkt. Den Wandel werde auch die Gemeinschaft der Schwestern vom Heiligen Geist nicht aufhalten können. Es sei ein Prozess, von dem keiner wisse, wohin er führe. „Jede von uns hofft, dass wir nicht nur in Indien, sondern auch in Deutschland eine Zukunftsperspektive haben. Und irgendwie werden wir die auch haben – es wird sich ja nicht alles in Luft auflösen." Irgendwann werde es nur noch ganz wenige deutsche Schwestern geben. Stattdessen werden dann aber indische Schwestern die Gemeinschaft in Deutschland weiterführen.

Aber auch in Europa gibt es Zeichen dafür, dass die Menschen wieder verstärkt die Nähe zu Gott – teilweise auch zur Kirche – suchen: Die traurigen, mitfühlenden Menschenmassen vor dem Vatikan, als Papst Johannes Paul II. im Sterben lag. Die Begeisterung anlässlich der Wahl von Benedikt XVI., dem ersten deutschen Papst seit Jahrhunderten, von der sich sogar die Bild-Zeitung anstecken ließ mit der eingängigen Überschrift „Wir sind Papst!". Die bewegenden Szenen beim XX. Weltjugendtag in Köln im Jahr 2005, als mehrere hunderttausend junge Menschen aus aller Welt gemeinsam ihren christlichen Glauben demonstrierten. „Es gibt genügend Zeichen, die zeigen, da tut sich etwas", so Schwester Hildegard. In welche Richtung es gehe, vermag keiner zu sagen.

Gelassenheit strahlt daher Schwester Consolata aus: „Ich kann nicht immer nur der Vergangenheit nachtrauern und Angst vor der Zukunft haben. Ich lebe heute und bin heute Ordensschwester mit Leib und Seele." Damit hat sie eine Einstellung, die wohl auch die Gründerinnen vor 150 Jahren hatten. Als Schwester Irmina, Schwester Anastasia, Schwester Severa und Schwester Modesta ihren Orden begründeten, wussten sie auch oft nicht, ob und wie es weitergeht. Es hatte Jahrzehnte gebraucht, bis die Gemeinschaft einen erkennbaren Aufschwung zeigte. „Aber so wie unsere Vorgängerinnen die Ungewissheit ausgehalten haben, werden wir das ebenso können", sagt Schwester Hildegard. Nach menschlichem Ermessen wäre die Gemeinschaft bereits in der Gründungsphase gescheitert. Und auch in der weiteren Geschichte habe es immer wieder Zeiten gegeben, in denen ihre Zukunft in Frage gestellt war. „In ängstlichem Verharren und mit Mutlosigkeit hätten wir diese Zukunft nicht gehabt." „Als Schwesterngemeinschaft, die sich der Leitung des Heiligen Geistes anvertraut hat, haben wir jedoch immer wieder Neues gewagt und unsere Gemeinschaft entsprechend den Zeitverhältnissen angepasst. Mit Zuversicht und Gottvertrauen."

Orden sucht nach neuen Wegen

Vor 16 Jahren trat das letzte Mal eine junge Frau der Gemeinschaft in Deutschland bei, Schwester Sabine. Sie weiß: „Es gibt viele Frauen, die auf der Suche sind; viele, die nachfragen; viele, die sich für den Orden interessieren. Aber kaum welche, die den tatsächlichen Schritt wagen."

Dass Erneuerung notwendig ist, weiß jede der Schwestern vom Heiligen Geist. Aber nicht um jeden Preis. Die Motivation einer Frau, dem Orden beitreten zu wollen, darf nicht die Suche nach Geborgenheit, Sicherheit, heiler Welt sein. Auch in den Orden, die zahlenmäßig mehr Eintritte haben, zeigt sich, dass diese Vorstellungen auf Dauer nicht tragfähig sind. Eine am Ordensleben interessierte junge Frau sollte das Bedürfnis haben, mit Gott eine intensivere Beziehung aufzubauen, in einer Gemeinschaft von Gleichgesinnten ein vertieftes religiöses Leben führen zu wollen und für Gottes Reich tätig sein zu wollen. Dazu braucht es Beziehungsfähigkeit und Durchhaltevermögen.

„Auch im Orden muss man sich an Regeln halten, beziehungsfähig sein, arbeiten können", nennen die Schwestern die Voraussetzungen. Wer nur seine persönlichen Wünsche in den Vordergrund stelle, sei für ein Ordensleben nicht tauglich. Für

die Ordensgemeinschaft keine einfache Aufgabe, die Motive interessierter Frauen am Beitritt herauszufinden. „Man sollte aber keiner Frau, die Interesse zeigt, unterstellen, es fehle der ernsthafte Wille, ins Kloster gehen. Dafür ist der Schritt gesellschaftlich gesehen zu gravierend. Solche Überlegungen sind kein emotionales Strohfeuer." Denn wer überlege, in die Gemeinschaft einzutreten, werde schon sehr skeptisch beäugt bis hin zu Fragen wie „Bist Du verrückt geworden?"

Die Bindungsangst vieler junger Menschen lässt die Ordensgemeinschaften intensiv über neue Wege nachdenken. Eine Idee ist die „Verpflichtung auf Zeit". So wie es die Möglichkeit gibt, als „Missionar auf Zeit" in anderen Ländern Missionsdienste und Hilfe für Ordensgemeinschaften zu leisten, könnte auch die Gemeinschaft der Schwestern eine zeitlich begrenzte Verpflichtung anbieten. „Das ist ein Weg, der intern in den Ordensgemeinschaften diskutiert wird, um ein zeitgerechtes Angebot zu offerieren", so Schwester Hildegard. „Aber auch während der zeitlich begrenzten Verpflichtung muss eine geistliche Unterweisung stattfinden", so Schwester Consolata. „Wir sind ja nicht ein Clübchen berufstätiger Frauen, die zufällig eben so zusammenleben."

Noch ist das Zukunftsmusik, aber neue Ideen sind da und die Diskussionen werden ernsthaft und intensiv geführt. „Wir haben in dem Bereich noch keine Erfahrungswerte", so Schwester Hildegard. Es gebe zwar schon Gemeinschaften, die eine „Verpflichtung auf Zeit" anbieten. Aber noch sei ungewiss, ob die Angebote angenommen würden. „Eins steht aber fest: Wir müssen den spirituellen Bedürfnissen, die viele Menschen haben, entgegenkommen."

Schwester Consolata pflichtet ihr bei: „Und wir müssen uns als Ordensgemeinschaften darauf einstellen, Raum zu schaffen für Menschen mit Lebensbrüchen. Wir müssen uns von dem Ideal verabschieden, dass das fromme Mädchen vom Land – brav, keusch, 20 Jahre alt – zu uns kommt."

Beruf und Berufung

Orden müssten sich darauf vorbereiten, dass auch Menschen zu ihnen kommen mit Brüchen in ihrem Leben, mit Problemen. „Viele dieser Menschen brauchen uns. Sie sind auf der Suche nach Gott und auf der Suche nach einem erfüllten Leben", so Schwester Consolata. „Da müssen auch bei uns so manche Schranken fallen. Wir kriegen keine frommen Heiligen serviert, denen wir nur noch die Tracht anziehen müssen", bringt die fast 70-jährige Ordensschwester die Schwierigkeiten auf den Punkt.

Da heute kaum noch mehrere junge Frauen gleichzeitig eintreten, hat man sich entschlossen, neue Novizinnen in einer kleineren Filiale und nicht im Mutterhaus auszubilden. „Wir haben entschieden, jüngere Schwestern in einen kleinen Konvent zu geben. Dort können sie in größerer Freiheit in die Gemeinschaft wachsen," so Schwester Sapientia.

Damit zeigen sich die Schwestern vom Heiligen Geist zeitgemäß, modern und aufgeschlossen. Denn wer in den 50er oder 60er Jahren einem Orden beitreten wollte, konnte sicher sein, dass sich mehrere Frauen für den Weg zur Ordensschwester zusammenfanden. Meistens waren es Gruppen von zehn bis fünfzehn jungen Frauen. „Das waren Zeiten, von denen die Älteren schwärmen", sagt Schwester Hildegard. Als Novizinnen hätten sie viel gelacht, viel Blödsinn gemacht und die Profeßschwestern geärgert, erzählen die älteren Mitschwestern. Tritt dagegen heute eine junge Frau dem Orden bei, ist sie meistens alleine. „Die geht natürlich schnell unter in der großen Gemeinschaft." Daher bräuchte eine neue Schwester eher eine familienähnliche Struktur, wie nur ein kleiner Konvent sie bieten kann. Dort habe sie die Möglichkeit, sich langsam einzuleben, in die Ordensstruktur hineinzuwachsen.

„Wir müssen uns den gesellschaftlichen Umbrüchen auch anpassen", wissen die Schwestern. Eine heute 20-jährige Frau benehme sich doch ganz anders als eine Gleichaltrige vor

50 Jahren. Die Sprache, die Erfahrungen, das Auftreten – alles sei anders. „Daher ist es auch wichtig, dass wir Älteren den Kontakt nach außen nicht verlieren", so Schwester Consolata.

Andere Dimensionen, andere Wahrnehmung, andere Werte, andere Menschen – das Leben als Ordensschwester ist prägend. „Was ich bin, bin ich überwiegend durch die Gemeinschaft geworden", so Schwester Consolata. „Und ich bin sehr dankbar dafür." Sie ist Ordensschwester mit Leib und Seele. „Es erfüllt mich, Mitmenschen zu helfen, zu teilen, für andere zu beten." Dass der Weg zur Ordensschwester ein befreiender, erfüllender, glücklich machender und Glück spendender Beruf ist, zeigen die Schwestern vom Heiligen Geist in aller Deutlichkeit.

So wollen sie weiterhin offen sein für Menschen auf der Suche nach Gott. Auch wenn deren Gründe dafür unterschiedlich sein mögen – ein Motiv für den Beitritt muss nach Ansicht der Schwestern sein: Das eigene Leben in Gottes Dienst stellen zu wollen.

Der Heilige Geist als Namenspatron

Im Jahr 391 verfasste der Heilige Augustinus eine Mönchsregel, nach der viele Ordensgemeinschaften ihr Leben ausrichten – auch die Schwestern vom Heiligen Geist. Diese Regel hat auch im Laufe von über 1.600 Jahren keinen Staub angesetzt, sondern ist heute immer noch hoch aktuell und hilfreiche Orientierung für die Schwestern. Ergänzend zur augustinischen Regel ist der Geist der Gründerin Quelle ihrer Spiritualität. „Nur indem wir für andere leben, bekommt unser Leben einen Sinn": Mit dieser Überzeugung hat sich Mutter Irmina Hoelscher in den Dienst der Liebe gestellt. Von Kindheit an galt ihre Aufopferung und Zuwendung den Armen, besonders Frauen, deren sozialer und bildungsmäßiger Status sehr niedrig war. Sie verstand sich und die von ihr gegründete Gemeinschaft als „Werkzeug des Heiligen Geistes". Sie unterstellte die Gemeinschaft der Ordensregel des Hl. Augustinus, die ebenfalls auf dem Grundideal der Liebe aufbaut.

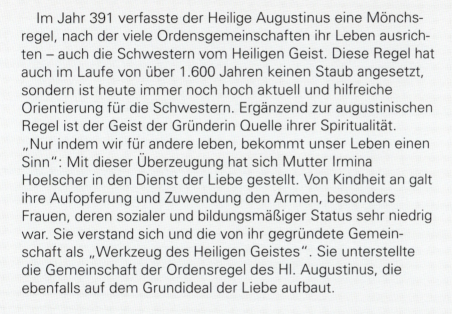

Schwester Irmina
wird Oberin im Jahr 1858

Gebet des Hl. Augustinus zum Heiligen Geist

*Atme in mir,
Du Heiliger Geist,
dass ich Heiliges denke.*

*Treibe mich,
Du Heiliger Geist,
dass ich Heiliges tue.*

*Locke mich,
Du Heiliger Geist,
dass ich Heiliges liebe.*

*Stärke mich,
Du Heiliger Geist,
dass ich Heiliges hüte.*

*Hüte mich,
Du Heiliger Geist,
dass ich dich nimmer verliere.*

Viele Menschen können mit dem Heiligen Geist als dritte Person Gottes neben Vater und Sohn nicht viel anfangen. Auch die Schwestern, befragt nach dem Heiligen Geist, liefern unterschiedliche Antworten. „Der Heilige Geist lässt sich am besten in Bildern erklären: Er ist der Atem Gottes, sein leichter Hauch", erklärt Schwester Consolata und übersetzt die Bildersprache: „Der Heilige Geist ist das Leben, das Denken in uns."

Schwester Hildegard bevorzugt die Übersetzung von Heiligem Geist in „Guter Geist". „Es ist der gute Geist, der in mir ist, der mir hilft, der mir gute Gedanken eingibt, der mir beisteht. Der Geist, der im Menschen das Gute bewirkt." Der „gute Geist" mache Gottes Gegenwart spürbar im Alltag, indem Gutes in Bewegung gesetzt wird, Gutes unterstützt wird. Aber der Hl. Geist sei auch der Geist, der kraftvoll sei, sagt eine andere Schwester. Er gibt Mut für Zivilcourage, um unangenehme Dinge beim Namen zu nennen, um für andere einzustehen, wo es andere nicht tun. Auch da wirke der Heilige, der Gute Geist.

Die unterschiedlichen Interpretationsmöglichkeiten waren vielleicht ein Grund für die Stifterin, die Gemeinschaft „als

Glaube und Spiritualität

Werkzeug des Heiligen Geistes" zu gründen. Durch die Arbeit der Schwestern soll etwas vom Geist Gottes in dieser Welt erfahrbar werden. In ihrem Leben, Beten, Arbeiten steht er daher in der Mitte. Es ist unser Charisma, „eine lebendige Gemeinschaft im Heiligen Geist zu sein", sagen die Schwestern. Ihr schwesterliches Zusammenleben und ihre Arbeit sei geprägt von dem Apostelwort „Dienet einander in Liebe... Lasst euch vom Geist leiten" *(Gal 5,13.16)*. Entsprechend dem Eifer und der Vision der Gründerin ist die Gemeinschaft bemüht, den Bedürfnissen der Zeit Rechnung zu tragen und die Liebe Gottes durch ihre Werke sichtbar zu machen.

Der Heilige Geist steht für Offenheit, Freiheit, Beweglichkeit, Veränderung, für das Leben überhaupt. Entsprechend heißt es in der Lebensregel der Ordensgemeinschaft: „Dem Anliegen der Gründerinnen entsprechend, wollen wir uns offen halten für die Erfordernisse und Aufgaben der Zeit."

Das Hinhören auf das, was Gottes Geist mitteile, geschehe im Wahrnehmen der Zeichen der Zeit, im gemeinschaftlichen Austausch und wesentlich im Gebet, in der Meditation und den gottesdienstlichen Feiern.

Verehrung für die Gründerin

Pfingstsequenz

*Komm herab, o Heilger Geist,
der die finstre Nacht zerreißt,
strahle Licht in diese Welt.*

*Komm, der alle Armen liebt,
komm, der gute Gaben gibt,
komm, der jedes Herz erhellt.*

*Höchster Tröster in der Zeit,
Gast, der Herz und Sinn erfreut,
köstlich Labsal in der Not.*

*In der Unrast schenkst du Ruh,
hauchst in Hitze Kühlung zu,
spendest Trost in Leid und Tod.*

*Komm, o du glückselig Licht,
fülle Herz und Angesicht,
dring bis auf der Seele Grund.*

*Ohne dein lebendig Wehn
kann im Menschen nichts bestehn,
kann nichts heil sein noch gesund.*

*Was befleckt ist, wasche rein,
Dürrem gieße Leben ein,
heile du, wo Krankheit quält.*

*Wärme du, was kalt und hart,
löse, was in sich erstarrt,
lenke, was den Weg verfehlt.*

*Gib dem Volk, das dir vertraut,
das auf deine Hilfe baut,
deine Gaben zum Geleit.*

*Lass es in der Zeit bestehn,
deines Heils Vollendung sehn
und der Freuden Ewigkeit.*

Amen.

Glaube und Spiritualität

Gebetsgemeinschaft für Alle

Die Zeiten des Gebets sind für die Gemeinschaft keine Fixpunkte einer von außen auferlegten Tagesordnung oder klösterliche Pflichtübung. Die Gebetszeiten sind Lebenselemente, „ohne die wir unseren Dienst auf Dauer nicht tun könnten", so Generaloberin Schwester Sapientia.

Ein anderer Schwerpunkt der Spiritualität des Ordens ist die Gebetsgemeinschaft, die für alle Interessierten angeboten wird. Die Gebetsgemeinschaft im Heiligen Geist will eine Antwort sein
- auf die Glaubensnot vieler Menschen
- auf die Not der Spaltung in der Christenheit
- auf den tiefen Wunsch nach Frieden in der Welt.

Rund 2.000 Männer, Frauen und Jugendliche umfasst diese Gebetsvereinigung. Ziel dieser Gebetsgemeinschaft ist es, die gläubige Hinwendung zum Heiligen Geist zu wecken; seine Verehrung unter den Christen zu fördern und zum Vertrauen auf seine Hilfe bei persönlichen Entscheidungen anzuregen. Darüber hinaus will diese Gebetsgemeinschaft auch eine Antwort sein auf persönliche und gesellschaftliche Nöte und Ängste unserer Zeit. Sie will das Vertrauen in den Beistand des Hl. Geistes wecken und bestärken.

Für die Mitglieder der Gebetsgemeinschaft werden im Mutterhaus, aber auch in Städten und Gemeinden verschiedene Veranstaltungen bzw. Seminare angeboten. Dazu zählen Besinnungstage zur Fasten- und Adventszeit; Exerzitien im Alltag und Einzelexerzitien; Wallfahrten und Exkursionen sowie die Familienseelsorge. Zudem gibt es Werk- und Bastelnachmittage in der Oster- und Weihnachtszeit; Sing-, Spiel- oder Märchennachmittage mit Gesprächskreis. Der Beitritt zur Gebetsgemeinschaft ist nicht mit besonderen Verpflichtungen verbunden. Es entstehen keine Kosten und es werden auch keine Mitgliedsbeiträge erhoben. Die Schwestern bieten damit Interessierten die Möglichkeit, Einblick in ihr geistliches Lebens und mehr Spiritualität zu erfahren.

Unter den Heiligen werden in der Genossenschaft besonders verehrt: die Gottesmutter, der Hl. Josef, der Hl. Augustinus, die Hl. Elisabeth als Patronin der Krankenschwestern, die Hl. Hildegard als Patronin der Schulschwestern und die Hl. Theresia vom Kinde Jesu als Patronin der Mission.

Ursprünge und Entwicklung

Vier Frauen begeistern mit ihrer Idee

Mitte des 19. Jahrhunderts in Koblenz: Viele der rund 24.000 Bürger leben in bitterer Armut. Denn die beginnende Industrialisierung zeigt schon ihre Auswirkungen: Es gibt immer mehr Kranke, Arme und Verwahrloste. Niemand kümmert sich um sie. In dieser Zeit entsteht eine soziale Reformbewegung, die als „rheinische Caritas" bezeichnet wird. Ihre bekanntesten Mitglieder sind Josef Görres und Clemens Brentano. Bereits 1831 hat Josef Görres angemahnt, dass der permanenten Not nicht nur in Einzelaktionen, sondern mit kontinuierlicher Hilfe begegnet werden müsse. Dieses könne, so Görres, mit Hilfe von Schwesterkongregationen erreicht werden. Von der Idee bis zu ihrer Umsetzung vergehen gut 25 Jahre – Brentano und Görres waren inzwischen verstorben (1842 bzw. 1848).

Anna-Maria Hoelscher

Aber das sozial-karitative Engagement unter den Koblenzer Katholiken ging weiter – allen voran Philipp de Lorenzi, Pfarrer von Liebfrauen. Er ist es auch, der die Gründung des Ordens der Barmherzigen Brüder durch Peter Friedhofen im Jahr 1850 unterstützt.

Philipp de Lorenzi

Ermutigt durch das erfolgreiche Wirken der Brüder wenden sich 1857 vier junge Frauen an Pfarrer de Lorenzi mit der Bitte, sie bei der Gründung einer Schwesterngemeinschaft zu unterstützen. Sie sind entschlossen, ihr nicht unbeträchtliches Vermögen und Einkommen zusammenzutragen und in einer geistlichen Gemeinschaft zu leben. Sie sind von der Idee begeistert, ihr Leben ganz in den Dienst Gottes und der Menschen zu stellen. Dass dies nicht nur eine Idee bleibt, ist dem Koblenzer Pfarrer de Lorenzi zu verdanken, der sich von der Begeisterung der jungen Frauen anstecken lässt.

In der Hoffnung, Schulschwestern für die Erziehung höherer Töchter zu gewinnen, unterstützt de Lorenzi ihr Vorhaben. Am 14. April 1857 erhält er vom Trierer Bischof Arnoldi die Zustimmung, versuchsweise zu sehen, ob aus dem Zusammentreffen der vier Frauen etwas Größeres, vielleicht sogar eine Kongregation wachsen könnte. So beginnen am 4. Juni 1857, am Donnerstag in der Pfingstoktav, Anna Maria Hoelscher, Mathilde Jesse, Anna Hörter und Maria Eigner ihr gemeinsames Leben. In der Chronik heißt es: „Sie stellten ihr Leben und Wirken unter die besondere Führung des Heiligen Geistes und wollten seine Werkzeuge sein im Dienst am Mitmenschen." In der Mehlgasse 8, nahe der Liebfrauenkirche, finden Sie eine bescheidene Wohnung. Eine im Koblenzer Frauenverein sozial-

Mehlgasse 8

Ursprünge und Entwicklung

karitativ engagierte Familie hatte ihnen das Haus zur Verfügung gestellt.

Am Fest Mariä Lichtmess, dem 2. Februar 1858, erhalten die jungen Frauen aus der Hand des Bischofs ihr Ordenskleid: ein schwarzes Wollkleid mit schwarzem Schleier und Skapulier (Überwurf), weißem Zingulum (Gürtel), weißem Stirnband und Kragen. Vorab hatten sie eine neue klösterliche Unterkunft in der Florinspfaffengasse bezogen.

Die Schwestern unterstellen sich der Ordensregel des Hl. Augustinus und erhalten die Namen von vier heiligen trierischen Jungfrauen und Ordensfrauen. Bischof Arnoldi beschließt, sie sollen „Schul- und Krankenschwestern vom Heiligen Geist" heißen, da sie sich der Leitung des Hl. Geistes unterstellt haben und ihn verehrten.

Das Amt der Oberin der jungen Gemeinschaft übernimmt Anna Maria Hoelscher, die nun Schwester Irmina heißt und treibende Kraft für den Zusammenschluss gewesen war. Sie kommt wie ihre Mitschwestern aus einer begüterten Familie: Ihr Vater ist Verlagsbuchhändler und Präsident des Handelsgerichts. Stark religiös und sozial engagiert ist sie bereits als Schülerin der Steinschen Schule, des heutigen Bischöflichen

Ordenstracht

Florinspfaffengasse

Gymnasiums. Im Rahmen von Schulfesten organisiert sie Hilfe für die Armen, sammelt in Koblenzer Bürgerfamilien und bei wohlhabenden Kranken für die Notleidenden der Stadt.
Als im Jahre 1854 die Aachener Franziskanerinnen in die Stadt kommen, fühlt sie sich diesen besonders verbunden. Mit ihnen kümmert sie sich um die Armen und spielt mit dem Gedanken, den Franziskanerinnen beizutreten. Doch die Sorge um ihren verwitweten Vater, dessen Haushalt sie führt, lässt sie diesen Gedanken zunächst verwerfen.

Erst als der Vater im Februar 1857 zum zweiten Mal heiratet, fühlt sie sich von dieser Rücksichtnahme befreit. Anstelle eines Eintritts in eine bestehende Ordensgemeinschaft ermuntert sie ihr Beichtvater, Pfarrer de Lorenzi, zur Gründung einer neuen Gemeinschaft. Die Schwestern leben in großer Armut, verbergen ihre neuen persönlichen Lebensumstände vor ihren Angehörigen. Die Gaben, die sie erhalten, reichen sie an die Ärmsten der Gesellschaft weiter. Aber die harten Lebensumstände fordern ihre Opfer: Schwester Irmina stirbt bereits drei Monate nach der Einkleidung und der Übernahme ihres Amtes als erste Oberin – im Alter von 22 Jahren. Ihr früher Tod ist für die kleine Gemeinschaft ein herber Verlust. Zu ihrer Nachfolgerin wird Mutter Anastasia, geb. Mathilde Jesse, bestimmt.

Als 1859 die erste Gelübdeablegung ansteht, fehlt eine weitere Schwester, die die Gemeinschaft inzwischen wieder verlassen hatte, um zu ihrer Familie zurückzukehren.
Im folgenden Jahr verstirbt Schwester Modesta an einem Lungenleiden. Mutter Anastasia folgt ihr wenig später nach. Somit ist drei Jahre nach Gründung von der Gründergeneration niemand mehr übrig – außer Pfarrer de Lorenzi.

Das Ende des Ordens? Nein – der Gedanke des Helfens und der Mitmenschlichkeit ist auf so fruchtbaren Boden gefallen, dass sich die Schwestern vom Heiligen Geist zu einer wichtigen Institution im sozialen Leben von Koblenz entwickeln.

Gemeinschaft wächst weiter

Dass diese schweren Verluste in der Gründungszeit nicht zum vorzeitigen Ende der hoffnungsvoll begonnenen Gemeinschaft geführt haben, ist wohl auch ein Verdienst de Lorenzis. Mit seiner Hilfe hält die kleine Schar der Übriggebliebenen – drei Profeßschwestern und drei Novizinnen – zusammen und festigt sich. Die weiterhin wachsende Zahl der Schwestern macht 1865 einen erneuten Umzug vom Haus in der Florinspfaffengasse in ein größeres Haus am Löhrrondell nötig. Hier ist auch Platz, um Kranke, hilfsbedürftige Kinder und pflegebedürftige alte Menschen aufzunehmen. Bereits in der ersten Satzung der Gemeinschaft ist eines der ausführlichsten Kapitel dem Krankendienst gewidmet. Darin heißt es: „Zwischen wohlhabenden und armen Kranken soll kein Unterschied gemacht werden, und es sollen, wenn nicht andere Ordensfrauen die Pflege der armen Kranken ausschließlich übernommen haben, womöglich wenigstens ebenso viele Arme als Wohlhabende gleichzeitig in Behandlung stehen. Die Pflege sei eine recht liebreiche, denn sie geschieht nicht um den Lohnes willen, obgleich es erlaubt ist, von Bemittelten eine Gabe für den Konvent oder für die Armen anzunehmen."

Löhrrondell

Deutsch-Französischer Krieg:
Lazarett in der Kirche

Die Gemeinschaft wächst

Aufgrund der wachsenden Zahl verfügbarer Schwestern können nun sogar Aufgaben außerhalb von Koblenz übernommen werden. 1866 zählt die Genossenschaft bereits 15 Profeßschwestern, drei Novizinnen und sechs Postulantinnen. 1866 gründet die Kongregation eine Niederlassung in Dudweiler, eine der größten Arbeiterpfarreien an der Saar, um dort im Unterricht und in der Krankenpflege tätig zu werden. 1868 gehen sie an das Hospital in Saarburg.

In den Kriegsjahren 1866 und 1870/71 werden sie zur Pflege verwundeter Soldaten in Böhmen und Frankreich eingesetzt. Auch während der Cholera-Epidemie an Rhein und Mosel beschränken sie ihr Wirken nicht allein auf Koblenz. Sie sind dort aktiv, wo die Not am größten ist.

Doch 1875 kommt es im Rahmen des Kulturkampfes unter Bismarck zu einem bedeutsamen Einschnitt. Da die preußische Regierung massiv gegen die katholische Kirche kämpft, müssen viele Ordensgemeinschaften Deutschland verlassen. Die Arbeit der Kirche und kirchlicher Organisationen wird erheblich eingeschränkt. Auch der Schulunterricht wird den Schwestern untersagt. Ausschließlich sozial-karitative und krankenpflegende Tätigkeiten sind erlaubt. So sind sie gezwungen, die Krankenpflege zur ausschließlichen Berufsaufgabe der Kongregation zu erklären. Seither trägt die Gemeinschaft den Namen „Schwestern vom Heiligen Geist".
Die Schwestern leisten unentgeltlich ambulante Pflege, gemäß ihrer Satzung „für alle Kranken und Armen, ohne Unterschied des Standes, der Religion und der Rasse". Als Lohn erhalten sie meist Naturalien: Gemüse, Obst, Fleisch.

Ursprünge und Entwicklung

Schwestern gründen Krankenhaus

Nach dem Ende des Kulturkampfes wächst die Schwesterngemeinschaft bis zum Beginn der Hitler-Diktatur stetig weiter. 1888 zieht das Mutterhaus vom Löhrrondell in den neu erbauten Marienhof in der Moselweißer Straße, wo es sich bis heute befindet. Im Mai 1888 erhalten die Schwestern offiziell die Konzession zur „Errichtung einer Privatkassen-, Heil- und Pflegeanstalt". Die Schwestern widmen sich künftig im Marienhof der stationären Krankenpflege und der Betreuung älterer Frauen – die Pflege von Männern war zu dieser Zeit noch nicht erlaubt. Aufgenommen werden Menschen mit den verschiedensten Krankheiten – ausgenommen Geisteskranke und Patienten, von denen eine Infektionsgefahr ausgeht. Kranke, Erholungsbedürftige und Pensionäre können ungeachtet ihrer Konfession kommen.

Der Marienhof 1888

Schon 1900 zeichnet sich ab, dass die Räumlichkeiten zu klein sind. Generaloberin Mutter Agnes Ellenberger bittet den Bürgermeister von Koblenz um die Genehmigung eines Krankenhausneubaus unmittelbar neben dem Hauptgebäude. 1903 wird das neue Krankenhaus fertig und unter den besonderen Schutz der Heiligen Familie gestellt. Das Krankenhaus ist der damaligen Zeit entsprechend modern mit 110 Betten ausgestattet. Die Ordensgemeinschaft wächst auch entsprechend weiter: Von der Jahrhundertwende bis zum Ersten Weltkrieg gibt es 24 Filialgründungen, davon drei außerhalb des Bistums Trier.

1903 ist das Krankenhaus fertig

Arbeit in Feldlazaretten im 1. Weltkrieg

Verwundete im einstigen Speisesaal

Gottesdienst für die Soldaten

Im Jahre 1912 schließt der Koblenzer Marienhof mit dem benachbarten Garnisonlazarett einen Vertrag ab, in dem sich das Krankenhaus verpflichtet, im Kriegsfall 100 Verwundete aufzunehmen. Damals ahnt noch niemand, wie schnell dieser Katastrophenfall eintreffen würde. Am 1. August 1914 beginnt der Erste Weltkrieg und bereits am 20. August treffen die ersten 54 Verwundeten ein. Der große Speisesaal der Profeßschwestern, das Parterre und die erste Etage des Krankenhauses sind entsprechend vorbereitet worden. 1918 endet der Krieg, doch erst nach sechs Jahren, am 21. April 1921 wird das Hilfslazarett aufgehoben.

Kaum sind die Schrecken des Krieges vorbei, gibt es neue Sorgen: Das Geld verliert an Wert und wird immer knapper. Die Preise steigen immens. Die bischöfliche Behörde, der Caritasverband Freiburg und Filialen des Mutterhauses helfen mit finanziellen Zuwendungen. Den Schwierigkeiten zum Trotz gelingt es den Schwestern auch in diesen schweren Zeiten das Krankenhaus Schritt für Schritt zu modernisieren und neue, moderne Geräte anzuschaffen. Die Patientenzahl erhöht sich nach einem Erweiterungsbau im Jahre 1930 auf 240.

Der Zweite Weltkrieg kündigt sich mit einer beunruhigenden Weisung durch den Polizeipräsidenten im April 1939 an: Für alle Betriebsangehörigen müssen Gasmasken angeschafft werden – zum Schutz vor möglichen Fliegerangriffen. Hitler erklärt am 1. September Polen den Krieg. Bereits Ende 1940 erhält der Marienhof die behördliche Anweisung, in der Nähe des Krankenhauses Gelände für den Bau eines Hochbunkers zur Verfügung zu stellen. Nachdem der Bunker im Juli 1943 fertiggestellt worden war, verbringen rund 170 Schwerkranke Tag und Nacht in dem Gebäude. Ventilatoren sorgen für Frischluft – Fenster gibt es nicht. Ein eigener Brunnen soll die Wasserversorgung gewährleisten. Der Bunker erfüllt alle Funktionen eines Krankenhauses mit Operationssaal, Röntgenzimmer und Kreißsaal. Ab September 1943 kommen alle chirurgischen Patienten in das erste Stockwerk des Bunkers. In das zweite

Ursprünge und Entwicklung

Stockwerk ziehen die Wöchnerinnen und die gehfähigen Kranken ein.

Beim achten Großangriff auf Koblenz am 9. Oktober 1944 werden das Mutterhaus und die Klosterkirche total zerstört. Und am 6. November 1944 steht nach einem weiteren Großangriff der ganze Marienhof mit allen Nebengebäuden lichterloh in Flammen. Der Krankenhausbetrieb wird im Bunker dennoch unentwegt fortgesetzt. Im Januar 1945 soll Koblenz zwangsevakuiert werden. Auch im Marienhof werden Rucksäcke und Koffer gepackt. Die Schwestern aber sind entschlossen, nur unter Zwang wegzugehen. Das Verlassen der Stadt wäre das Ende der Gemeinschaft und des Hauses gewesen.
Am 17. März übergeben die Schwestern den Marienhof an die Alliierten. Nur fünf Tage später wird den Schwestern mitgeteilt, der Bunker werde geschlossen, da es in Koblenz nur ein Krankenhaus geben dürfe. Die Stadt hat zu diesem Zeitpunkt nur 3.000 bis 4.000 Einwohner. Am 25. April kommt dann die erlösende Nachricht: Das Krankenhaus im Bunker darf weitergeführt werden. Und bereits am 11. Oktober 1945 beginnt schon der Wiederaufbau des Krankenhauses. Ohne die körperliche Kraftanstrengung der Schwestern wäre der Wiederaufbau längst nicht so schnell möglich gewesen. Bereits Ende 1949 ist der erste Teil des Krankenhauses wieder aufgebaut und die Patienten können aus dem Bunker in die neuen Räume umziehen. Schon kurze Zeit später sind alle 150 Betten voll belegt. Auch mit dem Aufbau des Altbauteiles geht es kontinuierlich voran. Ab 1950 ist er auch wieder belegt.

Das Hauptgebäude ist komplett zerstört

Schon im Oktober 1945 beginnt der Wiederaufbau

Versorgung verwundeter Soldaten im Krankenhaus

Sozial-karitative Chance in Indien

Neue Aufgaben nach dem 2. Weltkrieg

Nach dem Zweiten Weltkrieg gibt es immer weniger Neueintritte junger Frauen in die Ordensgemeinschaft. Schließungen von Niederlassungen sind die zwangsläufige Folge. Das Gros der Auflösungen fällt in die 70er Jahre. Die Kongregation der Schwestern vom Heiligen Geist hat damit Anteil an der allgemeinen Entwicklung, wie sie sich seit Jahren – zumal in Deutschland – abzeichnet.

Zur gleichen Zeit stellt aber auch eine genau gegenläufige Entwicklung die Kongregation vor neue, schwierige, aber auch verheißungsvolle Aufgaben. Mit dem Eintritt zahlreicher junger Inderinnen in die Gemeinschaft, eröffnet sich die Chance, in dem großen Subkontinent Indien sozial-karitativ tätig zu werden. Zwischen 1974 und 1981 werden fünf Niederlassungen gegründet, die von indischen Schwestern geleitet werden. Nach anfänglichen Schwierigkeiten zeigt das sozial-karitative Wirken des Ordens immer größere Erfolge: Die Postulantinnen und Novizinnen wachsen in Indien selbst in ihr Leben als Heilig-Geist-Schwestern hinein. Die Entwicklung der Gemeinschaft in Indien ist von einer großen Dynamik, welche die Kongregation insgesamt bereichert.

Ob die ersten Schwestern es sich hätten träumen lassen, welche Entwicklung ihre junge Gemeinschaft von Koblenz aus ins gesamte Bistum Trier und schließlich bis nach Indien nehmen würde? Gewiss nicht. Wie ein Mensch durch den Lauf seines Lebens geprägt wird, so hat die Geschichte auch die Arbeit und den Geist der Schwestern vom Heiligen Geist geformt. Bei allen Rückschlägen, Umwegen und Schwierigkeiten, bei nötigen Änderungen und Anpassungen finden die Schwestern jedoch immer im Geist der Gründerinnen und in den Ordensregeln verlässliche Orientierung.

150 Jahre Gemeinschaft der Schwestern vom Heiligen Geist

Nachwort

Was die Schwestern vom Heiligen Geist in Deutschland und in Indien leisten, ist vielleicht nur ein Tropfen im Ozean, doch „dem Ozean würde etwas fehlen, wenn es diese vielen kleinen Tropfen nicht gäbe" – so hat es Mutter Theresa einmal formuliert. Die Arbeit der Schwestern, ihr Einsatz, ihr vorbildliches Wirken bleibt oftmals im Verborgenen. Es sind die Bedürftigen, Kranken, Obdachlosen, Alten und Kinder, denen das wertvolle Engagement der Schwestern zugute kommt. Aber es sind auch Menschen ohne Lobby. Menschen, die in der deutschen und auch indischen Gesellschaft kaum Gehör finden.

Umso wichtiger war es mir als Verfasserin dieser Festschrift die Arbeit der Schwestern und die Auswirkung auf die Betroffenen in den Vordergrund zu stellen. Die Schwestern vom Hl. Geist haben bewusst eine Journalistin mit dieser Arbeit beauftragt mit unverstelltem Blick von außen, mit der nötigen Distanz zum klösterlichen Leben, mit ungewohnten, teilweise auch kritischen Fragen.

Der Auftrag war klar: Es sollte keine theologische Abhandlung werden, keine Werbebroschüre, keine nostalgisch-verklärte Darstellung der Vergangenheit, sondern eine Gegenwartsbeschreibung mit Blick in die Zukunft und Einblick in den klösterlichen Alltag für Interessierte, Freunde und Förderer.

Möglich, dass die ein oder andere Schwester sich weniger persönliche, weniger hartnäckige Fragen gewünscht hätte – anmerken ließ es sich keine. Im Gegenteil: Die Schwestern ließen sich ein auf intensive Gespräche, öffneten sich zusehends und gaben viel preis. Sie gewährten Einblick in ihren Alltag, in ihre persönlichen Beweggründe, in ihre Lebensläufe, in ihre Arbeit. Eine Schwester sagte später zu mir: „Es hat gut getan mit einem Außenstehenden darüber zu sprechen. Ich habe wieder verstärkt darüber nachgedacht, warum ich diesen Weg gewählt habe. Nicht, dass ich je daran gezweifelt habe, aber es war gut, sich auch im Alter wieder mit den Themen ‚Beruf und Berufung' oder unserem Standpunkt in der Gesellschaft zu befassen."

Eben diese Fähigkeit zur Selbstreflexion war es, die mich am meisten beeindruckt hat. Sich selbst und das eigene Handeln in Frage zu stellen – eine Eigenschaft, die vielen Menschen im hektischen Alltag abhanden gekommen ist. Die Schwestern haben sie sich erhalten und können selbstbewusst sagen: Es ist richtig, welchen Weg ich gewählt habe, was ich tue und ich weiß, warum ich mich berufen fühle.

150 Jahre Gemeinschaft der Schwestern vom Heiligen Geist

Wer vielleicht anfangs Zweifel hatte am Motto der Festschrift „Begeistert über Zeiten und Grenzen", mag nach dem Lesen wohl überzeugt sein, dass dies keine hohle Phrase ist, sondern gelebtes, aufrichtiges Bekenntnis. Auch wenn noch so schwere Zeiten den Schwestern bevorstehen könnten – insbesondere aufgrund der massiven Nachwuchssorgen – so gibt es Anlass zur Zuversicht.

„Wenn das Weizenkorn nicht in die Erde fällt und stirbt, bleibt es allein; wenn es aber stirbt, bringt es reiche Frucht." (Joh 12,24) Dieses Wort vom Weizenkorn, das für die Ordensgemeinschaft seit 150 Jahren große Bedeutung hat, versinnbildlicht die Haltung der Schwestern: Seit seiner Gründung stand der Orden unter dem Gesetz des Weizenkorns.

Was kaum zwei Jahre nach seiner Gründung zu Ende zu sein schien, entpuppte sich als strahlender Beginn. Entsprechend unbeirrt und mit Gottvertrauen gehen die Schwestern die Herausforderungen der Zukunft an. Es sind starke Frauen, unerschütterlich in ihrem Glauben an Gott und überzeugt von ihrem Weg. Sie wissen, ihre Begeisterung über Zeiten und Grenzen weiter zu tragen.

Filialen in Deutschland

Schwestern vom Hl. Geist
Mutterhaus Marienhof
Moselweißer Straße 122 - 128
56073 Koblenz

seit: 1888 Generalat (Sitz der Ordensleitung), Mutterhauswohnheim

Aufgabenbereiche:

- Besinnungstage für junge Frauen
- Besinnungstage für Frauengemeinschaften
- Exerzitien im Alltag
- Exerzitienkurse für Ordensschwestern
- tägliche Eucharistiefeier und Stundengebet der Kirche, Rosenkranzgebet und eucharistische Anbetung (Teilnahme für Außenstehende möglich)
- Gebetsgemeinschaft im Hl. Geist
- Hilfe für Menschen in Armut und Wohnungslosigkeit

Krankenhauskonvent Marienhof
Moselweißer Str. 122-128
56073 Koblenz

Aufgabenbereiche der Schwestern im Kath. Klinikum Marienhof/St. Josef:

- Seelsorge, Sterbe- und Trauerbegleitung
- Krankenpflege, Geburtshilfe
- Tätigkeit in Zentralsterilisation, Postzentrale, Küche
- ehrenamtliche Dienste

Aufgabenbereiche der Schwestern in der Gemeinde Kruft:

- ambulante Pflege
- ehrenamtliche Dienste in der Gemeinde Kruft

Schwestern vom Heiligen Geist
Krankenhaus St. Josef
Klosterstraße 14
66125 Dudweiler

seit: 1866
2002: CTS/Schwestern v. Hl. Geist gGmbH,
(CTS ist die Caritas Trägergesellschaft Saarbrücken)

Aufgabenbereiche:

- ehrenamtliche Dienste in der Krankenhauspastoral und Krankenhauskapelle
- ehrenamtliche Dienste in der Patientenbücherei
- Besuchsdienste im Seniorenheim St. Irmina

Niederlassungen und Aufgabengebiete

Schwestern vom Hl. Geist
Seniorenzentrum
Carl-Kistner-Str. 61
79115 Freiburg

seit: 1994

Aufgabenbereiche:
- Leitung einer Pflegestation
- Besuchsdienste in zwei Pflegeheimen
- Gottesdienstvorbereitung in den Heimen
- Mitarbeit in der Pfarrei,
  im Pfarrgemeinderat

Schwestern vom Heiligen Geist
Jugendhilfeeinrichtung und
Seniorenheim
Hanns-Joachim-Haus
Klosterstraße 33
66271 Kleinblittersdorf

seit: 1917
2002: CTS/Schwestern v. Hl. Geist gGmbH

Aufgabenbereiche:
- Betreuung behinderter Jugendlicher
- ehrenamtliche Dienste an der Pforte und
  in der Kapelle
- ehrenamtliche Dienste im Seniorenheim
  Langwiedstift, Saarbrücken

Schwestern vom Heiligen Geist
Altenheim Marienburg
Bahnhofstraße 5
56746 Kempenich

seit: 1903
1997: Betriebsübernahme durch die
Caritas Trägergesellschaft Trier (CTT)

Aufgabenbereiche:
- Pfortendienst
- Besuchsdienste im Altenheim
- ehrenamtliche Dienste in der Kapelle

Schwestern vom Heiligen Geist
Altenheim Maria vom Siege
Hochstraße 207
56070 Koblenz-Wallersheim

seit: 1884
1997: Betriebsübernahme durch die CTT

Dienste der Schwestern:
- Aktivierungstherapie mit Senioren
- ehrenamtliche Besuchsdienste im
  Altenheim
- ehrenamtliche Dienste in der Kapelle
- Mitarbeit im Pfarrgemeinderat

Schwestern vom Heiligen Geist
Alten- und Pflegeheim St. Anna
St. Ingberter Straße 20
66280 Sulzbach-Neuweiler

seit: 1887

Aufgabenbereiche:
- ehrenamtliche Dienste in der Kapelle
  und Organistendienst
- Besuchsdienste im Altenheim

Schwestern vom Heiligen Geist
Heilig-Geist-Kloster
Helenenstraße 19
54295 Trier

seit: 1926

Aufgabenbereiche:
- Kindertagesstätte
- Engagement innerhalb der Stadtpfarrei
- Besuchsdienst und Krankenkommunion
- Besinnungstage, Bibelarbeit, geistliche Begleitung
- Ausbildungskonvent
- Tage im Kloster / Möglichkeit des Mitlebens
- Wohnmöglichkeiten für Studenten/innen

Schwestern vom Heiligen Geist
Altenheim Herz-Jesu
Trierer Straße 12-14
54649 Waxweiler

seit: 1908
1996: Trägerschaft bei der Caritas Trägergesellschaft Trier

Aufgabenbereiche:
- Heimleitung
- Pforte
- Besuchsdienste im Altenheim
- ehrenamtliche Dienste in Kapelle und Cafeteria
- ehrenamtliche Dienste in der Pfarrei

Haus Immaculata
Alten- und Pflegeheim
Zum Striedt 4
66589 Wemmetsweiler

seit: 1922
2002: CTS/Schwestern vom Hl. Geist gGmbH

Aufgabenbereiche:
- hauswirtschaftliche Dienste im Altenheim
- Besuchsdienste und pastorale Angebote im Altenheim
- pastorale Tätigkeiten in der Pfarrei
- Gebetskreis für Frauen
- Mitarbeit im Pfarrgemeinderat

Niederlassungen und Aufgabengebiete

Filialen in Indien

Holy Spirit Provincialate (Heilig Geist Provinzialat)
Ort: Pune (Poona), Bundesstaat: Maharashtra
seit: 1998

- Provinzhaus der Schwestern vom Hl. Geist in Indien
- Sitz der Provinzoberin und Provinzbüro
- Ausbildungsstätte für die Postulantinnen und Kandidatinnen
- Unterricht an der Schule der Steyler Missionare
- Hilfe in der Pfarrei
- Familienbesuche
- Zentrum für Seminare, Kurse, Exerzitien

Jeevadhara Konvent
Ort: Pune (Poona), Bundesstaat: Maharashtra
seit: 1983

- Noviziatshaus der Gemeinschaft, in dem die jungen Schwestern eine intensive spirituelle Unterweisung und religiöse Bildung erhalten.
- Hilfe in der Pfarrei
- Familienbesuche
- Leitung von Gebetsgruppen

Prem Nivas Konvent
Ort: Pune (Poona), Bundesstaat: Maharashtra
seit: 2004

- Altenheim für Arme
- Hilfe in der Pfarrei
- Familienbesuche
- Nachhilfeunterricht für arme Schüler und Schülerinnen

Jeevadaan Konvent
Ort: Lonikant bei Pune, Bundesstaat: Maharashtra
seit: 2005

- Englisch-Medium-Schule
- Familienbesuche
- Nachhilfeunterricht für arme SchülerInnen
- Näherei

Apnaghar Konvent
Ort: Pune (Poona), Bundesstaat: Maharashtra
seit: 1979

- Fürsorge für AIDS-Kranke und deren Familien
- Wohnheim für Studentinnen
- Sozialarbeit in den Slums
- Familienbesuche

Shantighar Konvent
Ort: Mumbay (Bombay), Bundesstaat: Maharashtra
seit: 1994

- Haus für Frauen in Not
- Selbsthilfezentrum für Frauen in Not: Werkstätten für Hand- und Bastelarbeiten, Arbeitsvermittlung
- Kindergarten und Kindertagesstätte
- Pastoralarbeit
- Familienbesuche
- Bildungsstätte für Frauen und Kinder
- Computerkurse
- Rechtsberatung und Rechtshilfe am obersten Gericht durch eine Ordensschwester (Rechtsanwältin)

Holy Spirit Konvent
Ort: Navi Mumbay, Bundesstaat: Maharashtra
seit: 2006

- Haus für Frauen in Not
- Rechtsberatung und Rechtshilfe durch eine Ordensschwester (Rechtsanwältin)
- Familienbesuche

Karunasadan Konvent
Ort: Bhedshi, Bundesstaat: Maharashtra
seit: 1989

- Englisch-Medium-Schule
- Internat für arme Mädchen
- Sozial- und Bildungsarbeit für Erwachsene, insbesondere Frauen in den Dörfern, Sparvereine
- Katechese und Rechtsberatung in den Dörfern
- Mitarbeit in den Pfarreien, Familienbesuche
- Bildungsprogramm für die Jugend
- Nachhilfeunterricht für Kinder

Niederlassungen und Aufgabengebiete

Tera Prem Konvent
Ort: Warur, Bundesstaat: Maharashtra
seit: 1974

- ambulante Krankenstation (Dispensary)
- Sozialarbeit in den Dörfern: Organisation von Frauengruppen, Bildungsprogramme
- Hilfe in der Pfarrei, Familienbesuche
- Kinderheim (Internat) für Mädchen
- Behindertenhilfe

Dilasagram Konvent
Ort: Ballarpur, Bundesstaat: Maharashtra
seit: 1975

- Englisch-Medium-Schule
- Seminare und Fortbildungskurse für LehrerInnen
- Einjährige staatlich anerkannte Haushaltungsschule (Grihinischule)
- Internat für Haushaltslehrlinge
- Landwirtschaft
- Hilfe in der Pfarrei, Famlienbesuche
- Sozialarbeit: Sparvereine für Frauen und Jugendliche
- Bildungsprogramme für Frauen und Waisenkinder
- Entwicklungsprogramme für Familien, Kinder und Jugendliche im Slum – Kindergärten und Kindertagesstätten
- regelmäßige Besuche im Gefängnis
- Tages-Heim für Straßenkinder und -jugendliche von 8 bis 15 Jahren
- schulische und medizinische Hilfe für körperlich und geistig behinderte Kinder und Jugendliche

Lokmangal Konvent
Ort: Ghot, Bundesstaat: Maharashtra
seit: 1983 bzw. 1992

- Heim für Frauen in Not
- Kinderheim für Waisenkinder
- Bambuswerkstätte
- Näherei
- Computerkurse, Schreibmaschinenlehrgänge
- Nachhilfeunterricht für arme SchülerInnen
- Kurse in Selbstverteidigung für Frauen (Karate)
- Rechtsberatung und Rechtshilfe durch Ordensschwestern (Rechtsanwältinnen), besonders in Scheidungsfällen, Unterhaltsfragen, Land- und Grundstücksstreitigkeiten
- Informationszentrum besonders für arme und schreibunkundige Menschen, Ausfüllen von Formularen, Schreibarbeiten, Fotokopieren u.a.
- Bildungs- und Gesundheitsprogramme in Dörfern
- Familienbesuche

Christianand Krankenhaus
Ort: Bramapuri, Bundesstaat: Maharashtra
seit: 1990

- Das Krankenhaus gehört der Diözese, es arbeiten dort mehrere Schwestern in der Krankenpflege.
- Familienbesuche

Vardaan Konvent
Ort: Purna, Bundesstaat: Maharashtra
seit: 1988

- ambulante Krankenstation (Dispensary)
- Besuche und Gesundheitsunterweisung in Dörfern
- Erwachsenenbildung
- Sozial- und Bildungsarbeit besonders für Frauen, Sparvereine
- Unterstützung von armen Schulkindern
- Familienbesuche

Sanjeevani Konvent
Ort: Purna, Bundesstaat: Maharashtra
seit: 1998
- Kinderheim
- Kindergarten
- Nähschule
- Hilfe in der Pfarrei
- Sozialarbeit in den Dörfern, Erwachsenenbildung, Sparvereine

Vimalasadan Konvent
Ort: Aurangabad, Bundesstaat: Maharashtra
seit: 1989

- Heim (Hostel) für berufstätige und studierende Frauen
- Unterricht in der Schule der Pfarrei
- Hilfe in der Pfarrei, Familienbesuche
- Gefangenenseelsorge
- Näherei
- Sozial- und Bildungsarbeit in den Dörfern, Sparvereine

Niederlassungen und Aufgabengebiete

St. Augustine's School
Ort: Parbhani, Bundesstaat: Maharashtra
seit: 2001

- Englisch-Medium-Schule
- Familienbesuche

Snehadeepam Konvent
Ort: Kanjirapally, Bundesstaat: Kerala
seit: 1994

- Heim für Straßenkinder, Rehabilitationszentrum für straffällig gewordene Kinder
- Beratung und Betreuung der Familien der Kinder, insbesondere seelsorgliche Betreuung von Alkoholikern in den Familien
- Mithilfe in der Pfarrei, Familienbesuche

Shantidham Konvent
Ort: Aluva, Bundesstaat: Kerala
seit: 1981

- Altenheim
- Arbeit im Kindergarten der Pfarrei
- Familienbesuche und Seelsorgearbeit
- Mithilfe in der Pfarrei
- Besuche im Gefängnis
- Aufnahme- und Ausbildungszentrum für Kandidatinnen
- Leitung von Gebetsgruppen

Jyotir Bhavan Konvent
Ort: Koodarnhi, Bundesstaat: Kerala
seit: 2004

- Internat für Mädchen
- Hilfe in der Pfarrei, Familienbesuche
- Rechtsberatung
- Zubereitung von Kräutermedizin

Holy Spirit Konvent
Ort: Kotagiri, Bundesstaat: Tamil Nadu
seit: 2006

- Zentrum für Gebet und Meditation
- Familienbesuche

Holy Spirit Konvent
Ort: Baligipeta, Bundesstaat: Andhra Pradesh
seit: 1997

- Tbc-Zentrum
- Ausbildungsstätte für Kandidatinnen
- Pastoralarbeit in der Pfarrei, Familienbesuche
- Sozialarbeit in den umliegenden Dörfern, Gesundheitsprogramme
- Nähschule im Haus und in Dörfern

Pavitrathma Nilayam Konvent
Ort: Vizianagaram, Bundesstaat: Andhra Pradesh
seit: 1994

- Kindergarten
- Sozialarbeit: Erwachsenenbildung, Sparvereine
- Hilfe in der Pfarrei
- Familienbesuche

Holy Spirit Konvent
Ort: Kasipatanam, Bundesstaat: Andhra Pradesh
seit: 2002

- mehrere Schwestern leben und arbeiten unter den Ureinwohnern im Urwald
- Sozialarbeit und Gesundheitshilfe in vielen Urwalddörfern, insbesondere Betreuung von schwangeren Frauen
- Kindergarten
- Projekt „Befähigung zum Schulbesuch für arme Kinder und für Schulabbrecher"
- Hilfe in der Pfarrei, Familienbesuche

Holy Spirit Konvent
Ort: S. Kota, Bundesstaat: Andhra Pradesh
seit: 2005
- Englisch-Medium-Schule
- Familienbesuche

Holy Spirit Konvent
Ort: Bobbili, Bundesstaat: Andhra Pradesh
seit: 2005

- Englisch-Medium-Schule
- Familienbesuche
- Landwirtschaft

Niederlassungen und Aufgabengebiete

Holy Spirit Konvent
Ort: Kharsia, Bundesstaat: Chhattisgarh
seit: 2000

- Unterricht in der Schule der Pfarrei
- Nachhilfeunterricht für arme Kinder
- Kindergarten
- Kinderheim
- Hilfe in der Pfarrei
- Familienbesuche

Holy Spirit Konvent
Ort: Kunkuri, Bundesstaat: Chhattisgarh
seit: 2000

- Unterricht in der Schule der Jesuiten
- Nachhilfe-Unterricht für die Kinder
- Familienbesuche

Holy Spirit Konvent
Ort: Sundru, Bundesstaat: Chhattisgarh
seit: 2000

- ambulante Krankenversorgung
- Ausbildungsstätte für Kandidatinnen
- sozial-pastorale Arbeit
- Dorf- und Familienbesuche
- Unterricht in der Schule
- Bildungsarbeit für die Jugend
- Näherei
- Gesundheitsvorsorgeprogramme und Gesundheitsbetreuung

Literaturverzeichnis

1. Franz Rudolf Reichart: „Unter dem Gesetz des Weizenkorns" – Festschrift zum 125jährigen Jubiläum
2. „Renew the face of the earth" – Silver Jubilee Sisters of the Holy Spirit in India (1973 – 1998)
3. Chronik der Genossenschaft der Schwestern vom Heiligen Geiste, Koblenz-Marienhof, 1. Band: 1857-1919
4. Chronik der Genossenschaft der Schwestern vom Heiligen Geiste, Koblenz-Marienhof, 2. Band: 1920-1935
5. „100 Jahre Genossenschaft der Schwestern vom Heiligen Geist" (1857 – 1957)
6. Rede anlässlich der Verleihung der Verdienstmedaille des Landes Rheinland-Pfalz an Schwester Mechtild Hoffend am 18. Januar 2006
7. Flyer „Menschen in Indien brauchen ihre Hilfe"
8. Flyer „Schwestern vom Hl. Geist"
9. Festschrift „100 Jahre Krankenhaus Marienhof" – 1903-2003
10. „Leitbild Katholisches Klinikum Marienhof/St. Josef
11. „Geschichte des Ordenslebens in Koblenz", Seminararbeit im Fach Kirchengeschichte von Anne Mülhofer
12. Abhandlung über den „Heiligen Geist"
13. Weihnachtsbrief 2006 von Schwester Agnes, Provinzoberin in Indien
14. Weihnachtsbrief 2005 von Schwester Alphy
15. Internetseiten der Schwestern vom Hl. Geist www.svhg.de

Sponsoren

Bank für Sozialwirtschaft Köln
Burbach + Goetz GmbH
Druckerei Seyl
Firma Fetz Bedachungen
Liga Bank Speyer
Malergeschäft Fritz Lepp
Naujack Rumpenhorst GmbH
Nuppeney GmbH
Pax-Bank eG Trier
Radio Thelen
Sparkasse Koblenz
Sparkasse Saarbrücken
Volksbank Montabaur-Höhr-Grenzhausen eG
Wirtschaftsprüfungsgesellschaft Ernst & Young

150 Jahre Gemeinschaft der Schwestern vom Heiligen Geist

Impressum

ISBN 978-3-923140-93-2

Verantwortlich für die Inhalte
Schwestern vom Heiligen Geist e.V.
Mutterhaus Marienhof
Moselweißer Straße 122-128
D-56073 Koblenz
E-Mail   info@svhg.de
Internet   www.svhg.de

Vertretungsberechtigter Vorstand
Schwester M. Sapientia de Hasque,
Vorsitzende

Gesamtherstellung
Joh. van Acken GmbH u. Co. KG
Christlicher Verlag seit 1890
Magdeburger Straße 5
D-47800 Krefeld
E-Mail   verlag@van-acken.de
Internet   www.van-acken.de

Redaktion
Bärbel Broer, M.A.
Redakteurin
D-41564 Kaarst

Fotos
Bärbel Broer
Sr. M. Hildegard
Katholische Nachrichtenagentur (KNA)
Axel Springer AG